THE SOUL OF A LEADER:

Finding Your Path to Success and Fulfillment

영혼이 숨 쉬는

리더 수업

The SOUL
of a
LEADER

영혼이 숨 쉬는
리더 수업

마가렛 베네피엘 지음 | 김준철 옮김

타임북스
T·IME BOOKS

| 차례 |

한국의 독자들에게 따스한 인사를 전합니다. 이 책이 한국어로 번역되어 매우 기쁘고 감사하게 생각합니다. 이 책이 많은 독자들에게 유익한 도움과 영감을 줄 수 있기를 바랍니다.

제가 2012년부터 수백 명 참여자들에게 "영혼의 리더십Soul of Leadership" 프로그램을 제공할 수 있었던 것은 저에게 매우 귀중한 경험이었습니다. 이 프로그램의 기본 원칙들은 사회 각 분야에서 영혼의 리더십을 모범적으로 보여준 리더들의 사례와 경험으로부터 영감을 받았습니다. "영혼의 리더십" 프로그램은 비지니스, 보건의료, 교육계, 교회, 정부, 사회운동, 사회복지 분야의 리더들을 돕는 역할을 하고 있습니다. 현재 "영혼의 리더십" 프로그램은 미국, 영국, 호주, 한국에서 운영되고 있는데, 이 같은 확장은 저에게는 큰 기쁨입니다. 한국에서도 이 프로그램이 2년 전부터 저와 한국의 스텝들이 함께 한국샬렘영성훈련원(shalemkorea@gmail.com) 주관으로 진행하고 있으며, 관심있는 한국의 리더들이 함께 하고 있습니다.

이 책의 한국 독자들도 이 프로그램에 참여할 수 있기를 희망합니다.

이 책을 한국어로 출판하는 데 도움을 준 김경문님과, 한국에서 "영혼의 리더십" 프로그램을 운영하는 김홍일님, 양혜란님께 진심으로 감사를 전합니다. 부디 이 책과의 만남이 독자 여러분에게 행복한 여정이 되시길 바랍니다.

마가렛 베네피엘

감사의 말

우선, 이 책을 위한 인터뷰를 넘치는 아량으로 허락해주시고 마음과 생각, 삶을 펼쳐 보여주신 여러 리더들에게 감사드립니다. 많은 분께서 기꺼이 자신의 영혼으로 향하는 창이 되어주셨고, 각자의 비전과 헌신으로 영감을 불어넣어 주셨으며, 이 책이 나올 수 있도록 해주셨습니다.

워싱턴 D.C.에서 열렸던 미국종교학회American Academy of Religion 연례회의에서 만난 순간부터 저를 줄곧 신뢰해주신 크로스로드Crossroad 출판사의 편집자 존 존스John Jones와 로이 칼라일Roy Carlisle에게 감사드립니다. 두 분은 이 책을 함께 구상해주셨고 제가 글을 써나갈 수 있도록 격려해주셨습니다. 여정의 발걸음마다 함께 해주신 탁월한 편집자 존 존스에게 진심 어린 감사를 전합니다. 그는 최고의 편집자일 뿐만 아니라 언제 어떻게 저를 격려해주어야 하는지 정확히 알고 계셨습니다. 고비 때마다 저를 긍정해주신다고 느끼지 못했더라면 제 열의가 시들어버리고 말았을 테지요. 크로스로드의 모든 팀원, 특별히 낸시 닐Nancy Neal, 리나벨 헤레라Linabel Herrera, 존 이글선John Eagleson에게 깊은 고마움을 전합니다. 이 프로젝트에 대한 그분들의 열정과 세심한 관심 덕분에 함께 일하는 것이 큰 기쁨이었습니다. 또한 대리인으로서 저를 믿어주시고 제가 이 책의 가능성을 구상할 수 있도록 도와주신 셰릴 풀러턴Sheryl Fullerton에게 감사합니다. 그는 매우 유능한 대리인인 동시에 좋은 친구입니다.

매사추세츠주 글로스터의 이스턴포인트 피정의 집은 이 책에서 결정적인 세 가지 단계를 작성하기 위해 머무르는 동안 기도하기에 좋은 활기찬 분위기와 훌륭한 영적 지도를 제공해주었습니다. 더하여, 친구들은 제가 악마들과 씨름할 때 저를 품어주고 제가 보낸 이메일에 애정을 기울여 답장해주면서, 아낌없이 저를 위해 기도해주었고 용기를 북돋아 주었습니다. 원고를 읽은 친구와 가족은 여러 조언을 건네주었고, 제가 미처 깨닫지 못했던 신선한 관점을 알려주었습니다. 수 루이스 보드너Sue Lewis Bodner, 베스 보든Beth Bowden, 빌 디트릭Bill Dietrich, 조이스 깁슨Joyce Gibson, 마릴린 그린버그Marilyn Greenberg, 켄 하스Ken Haase, 케이 홀Kay Hall, 뎁 헤아우Deb Heau, 톰 헨리Tom Henry, W.G.헨리W.G.Henry, 키스 황Keith Hwang, 데보라 잭슨Debora Jackson, 캐시 코플릭Kathy Koplik, 주디 록Judy Locke, 모니카 매닝Monica Manning, 척 맥코클Chuck McCorkle, 캐롤 미첼Carol Mitchell, 린다 트리엠스트라Linda Triemstra, 밥 워드Bob Ward, 리타 웨더스비Rita Weathersby, 페니 유누바Penny Yunuba에게 깊은 감사를 전합니다. 관상적 글쓰기 기간을 함께 공유했던 친구들은 제가 영적으로 단단한 토대를 유지하도록 도와주었고 새싹처럼 움트기 시작한 이 책의 이야기가 잘 자라날 수 있게 해주었습니다. 수지 앨런Susie Allen, 안드레아 블리스-레만Andrea Bliss-Lerman, 모니카 매닝, 페이스 눈지리Faith Ngunjiri, 베키 핍스Beckey Phipps, 주디 프록터Judy Proctor, 메리 샷웰Mary Shotwell, 캐시 휘트마이어Cathy Whitmire에게 감사드립니다. 제 훌륭한 조교 리사 자이덴버그Lisa Zeidenberg는 구술 인터뷰의 채록 원고를 정말 잘 준비해주었고 이 책의 여러 장을 세심하고도 탁월하게 다듬어주었습니다. 한분 한분 모든 분께, 정말 깊이 감사드립니다.

마지막으로 가족에게 가장 큰 감사를 드리고 싶습니다. 윌라 존스Willa Jones, 항상 저를 믿어주셨고 제가 하는 일들을 응원해주셨던 어머니는 이 프로젝트의 초기 단계에서 갑자기 돌아가셨고, 저는 깊은 상실감을 느꼈습니다. 웨스 베네피엘Wes Benefiel, 시종일관 관심을 보여주신 아버지는 저를 자랑스러워 해주셨고 격려해주셨습니다. 자매들인 베스 보든Beth Bowden 과 버지니아 벅Virginia Buck은 저를 위해 기도해주었고 지지해주었습니다. 이모들과 사촌들은 계속해서 진척 상황을 물어봐주었고 지원을 제공해주었습니다. 무엇보다도 충실하게 원고를 읽고 제 말에 귀 기울여주고, 생각이 막혔을 때 돌파구를 찾도록 도와주며, 저를 위해 함께 기도해주고, 여정 내내 저를 격려해주고, 집안에 쌓인 책들과 종이들을 끈기 있게 참아 내준 사람, 저술의 모든 과정을 통해 저를 사랑해준 남편 켄 하스Ken Haase에게 고마움을 전합니다.

리더의 영혼

21세기의 리더는 추진력, 결단력, 생산성, 긴 업무 시간에 대한 보상을 받는다. 하지만 그러한 환경 속에서 리더의 영혼에는 무슨 일이 일어날까? 너무나 자주, 영혼은 움츠러들고 생명력을 잃으며, 그 결과 리더 자신과 리더가 일하고 있는 조직에 해를 끼친다.

지난 10년 동안 기업에서, 비영리조직에서, 종교기관에서 추문들이 잇따르는 것을 보았다. 리더들은 빵 구워내듯 책을 써내라거나 빨리 돈을 만지기 위해 품질을 낮추라는 압력, 혹은 탐욕과 정욕, 권력이 주는 유혹에 굴복한다. 기업은 명성과 고객을 잃었고, 공공기관은 유권자의 신임을 잃었으며, 교회는 구성원의 신뢰를 잃었다. 추문으로 가득 찬 이 세상에는 충만한 영혼을 갖춘 리더가 절실하다.

추문이 없다 하더라도, 리더는 서서히 소진되어가기 쉽다. 가득 쌓인 업무로 자신을 혹사시키는 리더의 꿈은 본래의 광채를 잃는다. 이제 그는 일하는 시늉만 하고, 다음 분기 수익을 늘려야 한다는 압박에 매일같이 시달리며, 날마다 쏟아지는 직원과 시민들의 불평불만에 대응하느라 피할 수 없는 것처럼 보이는 평범함에 굴복하고 있는 자신을 발견한다.

소진은 위에서 아래를 향해 퍼져나간다. 결국 직원들은 진정성을 보여주는 조직에서 일하기 원한다. 회사의 목적과 자신이 일치하지 않는다는 느낌을 받으면 직원들은 업무를 회피하기 시작한다. 직원의 참여에 관한 연구들에 따르면 전 세계의 회사에서는 대개 직원의 21%만이 전적으로 업무에 참여하고, 41%는 그럭저럭 괜찮게 일하며, 38%는 부분적으로 또는 완전히 업무에서 이탈해 있다.[1] 이탈한 직원들은 동기부여가 부족하고 회사의 사명에 대한 몰입이 부족하여, 결과적으로 생산성, 조직 효율성, 수익성의 저하를 불러온다. 진정성 있는 회사, 자신들이 옹호하는 가치를 살아내고 직원과 고객을 존중하며 공정하게 대하는 회사는 더 나은 직원을 유치하고, 직원의 참여를 유지하며, 더 높은 이익을 얻는다.[2] 참여에 관한 다양한 연구들은 주로 영리기업에 초점을 맞추었지만, 연구 결과들은 비영리 부문에도 딱 들어맞는다. 직원 참여도가 높은 비영리조직 또한 구성원의 높은 의욕, 낮은 이직률 및 강력한 조직 효율성을 기대할 수 있다.

소진이나 진정성의 약화와 같은 도전에 직면할 때, 리더는 자신의 몸과 마음처럼 영혼도 기민하게 유지하는 데 필요한 도움을 어디에서 찾을 수 있을까? 경영대학원은 충만한 내적 삶을 일구는 법을 가르치지 않는다. 일반적인 회사 환경 또한 영혼을 다독이는 것과는 거리가 멀다. 반대로, 전형적인 경영 교육은 전형적인 조직 환경과 마찬가지로 영혼을 망가

---

1 예를 들면, the Towers Perrin Global Workforce Study, 2007을 보라.

2 제프리 페퍼/윤세준 외 옮김, 『휴먼 이퀘이션: 신자유주의적 경영관리 방식에 대한 반론과 대안』(서울: 지샘, 2001).

뜨린다.[3] 바람직한 리더십 과정들과 서적들은 영혼의 필요성을 종종 언급하지만, 경영대학원들과 기업들은 영혼에 관련된 주제가 무대 중앙에 오르는 것을 허용하지 않는 환경에서 존속하고 있다. 영혼과 더불어 조직을 이끌어가는 방법에 관한 선구적인 과정들이 많은 경영대학원에서 커리큘럼에 선택과목으로 포함되기도 했지만, 이러한 과정들이 심는 씨앗이 원숙하게 자라날 기회를 얻지 못하는 경우가 허다하다. 그러한 과정들은 보통 경영대학원 환경 안에서는 반체제적이기 때문에 심긴 씨앗의 성장을 보살피지 않거나, 심지어 해당 과정을 마친 학생들이 영혼 기반 과정에서 배운 원칙들을 부정함으로써, 묘목 자체를 완전히 뿌리째 들어 내버리기까지 하는 다른 과정으로 옮겨가자마자 그 영향력을 잃게 된다. 영혼과 함께하는 리더십은 사람들이 상상하는 바보다 훨씬 크고 넓은 것이며, 그러한 리더십을 가르치는 일은 실제 사례뿐 아니라 경영대학원 환경에서 지배적으로 사용되는 사회과학의 언어와는 종류가 다른 언어를 요구한다. 충만한 영혼을 갖추고 조직을 이끄는 일에 관한 교육과정은 아직 경영대학원 커리큘럼에 통합될 만큼 주류로 편입되지 못했다.[4] 너무나 많은

---

3 예를 들면, L. Davis, "Moral Judgement Development of Graduate Management Students in Two Cultures: Minnesota and Singapore," dissertation, University of Minnesota, 1987, 그리고 Faramarz Parsa and William M. Lankford, "Students' Views of Business Ethics: An Analysis," *Journal of Applied Social Psychology* 29, no. 5, 1999: 1045-57을 보라.

4 급증한 영적 리더십 주제의 도서들도 정말 똑같은 상황에 놓여 있다. 패트리셔 애버딘/윤여중 옮김, 『메가트렌드 2010』 (서울: 청림출판, 2006); Christine Arena, *The High-Purpose Company: The Truly Responsible—and Highly Profitable—Firms That Are Changing Business Now* (New York: Collins, 2006); Scott Cawood and Rita Bailey, *Destination Profit: Creating People-Profit Opportunities in Your Organization* (Mountain View, Calif.: Davies-Black, 2006); Richard Barrett, *Building a Values-Driven Organization: A Whole System Approach to Cultural Transformation* (Boston: Butterworth-Heinemann, 2006); 데이비드 뱃스톤/신철호 옮김, 『영혼이 있는 기업: 존경받는 기업의 8가지 조건』 (서울: 거름, 2003); 리 G. 볼먼 & 테런스 E. 딜/권상술 옮김, 『내 길에서 걷고 있는 영혼을 만나다: 리더의 혼을 찾아 떠나는 여행 힐링 리더십』 (서울: IGMbooks,

경우, 리더들이 흡수하는 것은 효과적인 리더가 되기 위해 자신의 영혼을 팔아야 한다는 메시지다. 비영리조직과 종교기관은 (그 자체로는 모두 칭찬할 만한 목표인) 효율성과 효용을 촉진하려 노력하면서 기업의 영혼을 죽이는 관행을 모방한다. 이안 미트로프Ian Mitroff와 엘리자베스 덴튼Elizabeth Denton이 『미국 기업에 대한 영적 감사보고서A Spiritual Audit of Corporate America』에서 지적했듯 "오늘날의 조직은 영적으로 빈곤하며, 그들이 떠안고 있는 가장 중요한 문제 중 다수는 이러한 빈곤에서 기인한다."[5] 리더를 위한 영혼 형성과정은 기업과 조직의 리더가 만들어지고 필요한 준비를 하게 되는 장소들에 존재하지 않는다.

서로 엮인 무수한 작용들이 사태를 이러한 상황까지 이르게 했다. 지난 350여 년에 걸쳐 부상한 현대과학은 (세계 속 다른 지역의 리더십에도 점점 더 큰 영향을 미치고 있는) 서구문화가 내적인 것을 훼손하고 외적인 것에 몰두하게 한 주된 원인이었다. 현대과학은 서구문화에 많은 긍정적 공헌, 신기술에 반대하는 이들을 제외하면 21세기를 살아가는 모든 사람이 극

2013); Alan Briskin, The Stirring of Soul in the Workplace (San Francisco: Berrett-Koehler, 1998); 톰 채플/서명수 외 옮김, 『비즈니스의 혼: 이윤과 공동선을 조화시키는 중도 경영』 (서울: 중앙 M&B, 1997); Dorothy Marcic, Managing with the Wisdom of Love: Uncovering Virtue in People and Organizations (San Francisco: Jossey-Bass, 1997); Joan Marques, Satinder Dhiman, and Richard King, Spirituality in the Workplace: What It Is, Why It Matters, How to Make It Work for You (Fawnskin, Calif.: Personhood Press, 2007); Ken Melrose, Making the Grass Greener on Your Side: A CEO's Journey to Leading by Serving (San Francisco: Berrett-Koehler, 1995); Ian Mitroff and Elizabeth Denton, A Spiritual Audit of Corporate America: A Hard Look at Spirituality, Religion, and Values in the Workplace (San Francisco: Jossey-Bass, 1999); Judi Neal, Edgewalkers: People and Organizations That Take Risks, Build Bridges, and Break New Ground (Westport, Conn.: Praeger, 2006)를 보라. 이들처럼 획기적인 책들은 모두 깨우친 리더들 사이에서 의식을 고취했고 무수히 많은 근로자의 갈망을 이야기했지만, 아직 주류가 되어 일반적인 경영대학원 커리큘럼이나 전형적인 기업 문화 안으로 편입되지는 못했다.

5 Ian and Denton, A Spiritual Audit of Corporate America, xiv.

20 | 영혼이 숨 쉬는 리더 수업

찬할 공헌을 했지만, 한편에만 맞춰진 초점은 우리를 근시로 만들었다. 앨런 윌리스Alan Wallace는 다음과 같이 간결하게 상황을 요약한다.

> 과학이 최초의 유럽계 미국인 사회를, 그리고 이제는 그것의 발달을 통하여 외적인 것, 곧 물리적 세계의 본성을 밝혀가면서 대부분의 세상 사람들을 매료시켰지만, 나는 그것이 의식의 내적 현실이 지닌 본성에 관한 선(先)지식을 일식처럼 침식해왔다고 주장할 것이다. 이러한 점에서, 현대 서구에 자리한 우리는 부지불식간에 암흑시대를 살고 있다.[6]

의식의 내적 현실에 대한 앎이 무색해지면서 리더십에 대한 서구의 이해는 왜곡되었고, 리더와 리더십 연구자는 내적인 성장과 발달을 배제한 채 외적인 결과에 집중하게 되었다. 리더십에 대하여 자신이 배우는 모든 것에 있어서, 업무에 관해 받게 되는 훈련이나 보강에서, 리더는 외적 결과에 집중하도록 교육받는다. 그들은 외형적인 결과가 중요한 데 반해 내적인 삶은 그렇지 않다고 배운다. 측정되는 것만이 진짜라고 생각한다. 외적인 결과는 측정되고 내적인 삶은 도외시되기 때문에, 영혼은 서서히 흔적도 없이 사라진다.

물론 외적인 결과에 집중하는 것이 잘못은 아니다. 리더는 현실을 똑바로 바라보기 위해 리더십의 결과에 집중해야 한다. 성과를 평가하고 결과에 따라 자신의 리더십을 조정하는 것은 좋은 리더십의 열매 중 하

---

6 B. Alan Wallace, *The Taboo of Subjectivity: Toward a New Science of Consciousness* (New York: Oxford University Press, 2000), 4.

나이다.

하지만 동시에 뿌리가 필요한 영양분을 얻지 못하면, 열매, 심지어는 가지마저 결국 시들어버린다. 내적인 힘이 약화하기 시작한 지가 오래되면, 나무는 외견상으로만 건강해 보일 수 있는데, 훈련되지 않은 눈으로 보면 특히 그렇다. 훈련되지 않은 구경꾼에게 그 뿌리가 오래전에 말라 죽었다는 사실이 분명해지는 순간은 오직 강풍이 힘 있던 나무를 때려눕힐 때뿐이다. 리더십 연구자들에게 극찬을 받는 외부적인 결과는 내부적인 것에 의해 결정된다. 그러나, 내부적인 것은 대체로 리더십과 경영에 대한 주류 문헌에서 금기시되어 왔다. 나무의 뿌리를 도외시하면서 나무의 건강을 개선하려고 애쓰는 사람처럼, 리더십 연구자들은 리더십의 중요한 차원에 대해서는 전반적으로 눈을 감아왔다. 이 책『리더의 영혼』에서는 내적 건강함의 근원이 되는 뿌리, 그리고 그것을 키우고 돌보는 방법에 주목할 것이다.

영혼과 더불어 조직을 이끌기를 원하는 리더는 외적 결과에만 천착하는 현대과학과 더불어 서구문화에서 강력하게 영향을 미치는 두 번째 요소와 대면하게 된다. 그것은 바로 론 레인저(미국 서부극 시리즈의 주인공)식 사고방식의 리더십으로 귀결되는 개인주의이다. 서구문화에서 굳건하게 신봉되는 이 사고방식은 영적 전통들의 지혜에 정면으로 배치된다. 영적 교사들은 영혼이 살아가기 위해서, 한 영혼에게는 다른 영혼이 필요하다는 사실을 안다. 리더들은 스스로 모든 문제를 해결해야 한다는, 즉 다른 사람의 지원을 구해서는 안 된다는 문화적 기대에 맞닥뜨릴 때 자신이 내적 갈등에 처해있음을 깨닫게 된다. 그들은 자신의 영혼을 나눌 수 있는 사람들과 문제를 공유하는 것이 절실하다는 사실을 안다. 그러나 한편으로는 이러한 필요를 시인하는 것이 자신의 가치를 평가하는 사람들에게는 약함의 표지로 받아들여질 공산이 크다는 사실도 안다.

영적 지도를 받아 누릴 만큼 운이 좋고, 충만한 영혼을 통해 조직을 운영하기를 기꺼이 받아들이는 기관에서 자신이 일하고 있음을 깨닫게 된 리더들은 리더십에 관한 내적이고 외적인 기량 사이의 결합을 벼려낼 수 있다. 그러나 많은 경우 그러한 결합은 오래 유지되지 않는다. 여기에는 두 가지 이유가 있다. 우선, 보통 그러한 리더들은 자신이 다른 조직에서 같은 일을 시도하고 있는 리더들과는 단절된 채 홀로 고립된 개척자임을 알게 된다. 비슷한 여정을 함께 하는 친구들이 없는 상황에서, 리더들 대부분은 기성 문화에 순응하라는 압력에 굴복하기 전까지만 영웅적인 선구자로 남을 수 있을 따름이다. 둘째로, 흔히 그러한 리더들에게는 자신이 이끄는 조직이 제공하는, 영혼이 충만한 리더십을 위한 내부 지원이 부족하다. '영혼의 안부'를 묻는 이사회가 얼마나 있을까? 아니면 어떤 기관이 리더의 영혼 갱신을 약속하는 훈련 프로그램 비용을 리더에게 제공해줄까?

리더의 영혼을 위한 지원이 이토록 부족한 이유는 사람을 이해하는 관점이 근시안적이기 때문이다. 리더의 영혼이 쪼그라들면 그가 이끄는 사람들은 엄청난 고난을 겪는다. 이 사실을 파커 팔머Parker Palmer는 리더에 대한 자신의 정의에서 이렇게 표현한다.

리더란 세상의 일부분 위로, 또 거기서 생활하는 사람들의 삶 위로 그림자

나 빛을 투사하는 능력이 있는 사람이다.[7]

리더의 영혼은 사방에서 온갖 위협을 마주한다. 그리하여 리더가 책임지고 있는 사람들 또한 위험을 마주할 취약성을 갖는다.

나는 다른 글에서 버나드 로너간Bernard Lonergan과 다니엘 헬미니악Daniel Helminiak의 작업을 이용해 리더십에 관한 연구와 실천 양쪽에서 일어나는 내적인 것과 외적인 것의 재통합에 대해 논한 바 있다.[8] 효과적이고 탁월하며 윤리적인 리더십이 오랫동안 유지되는 데에는 내부적인 영혼 형성과 외부적인 기량 모두가 필요하다. 본서는 저 앞선 시기의 학술적 작업의 토대와 10년 반 동안의 연구 및 실천에 기반하여, 충만한 영혼을 갖춘 리더십에 관한 실용적 원칙들을 설명하려 한다. 이 책에서는 내적인 것과 외적인 것이 어떻게 상호 보완하는지를 입증하기 위해 실용적인 사례들을 활용할 것이다. 같이 춤을 추는 파트너처럼, 내적인 것과 외적인 것은 손에 손을 맞잡고 함께 움직인다.

이 책은 영혼과 더불어 조직을 이끌어가는 일의 내적인 측면과 외적인 측면에 주목할 뿐만 아니라, 끝까지 인내하는 리더에게 일어나는 변화 과정, 그러한 리더가 이끄는 조직에서 병행하여 일어나는 변화 과정, 그리고 그 과정 중에 자리하는 영적 지침을 제시할 것이다.

7　Parker J. Palmer, *Let Your Life Speak: Listening for the Voice of Vocation* (San Francisco: Jossey-Bass, 1999), 78. 파커 J. 파머/홍윤주 옮김, 『삶이 내게 말을 걸어올 때: 가장 나답게 사는 길은 무엇일까?』 (서울: 한문화, 2019)로 역간.

8　Margaret Benefiel, "The Second Half of the Journey: Spiritual Leadership for Organizational Transformation," *Leadership Quarterly* 16 (2005): 723-47, 그리고 "Strange Bedfellows or Natural Partners? The Academic Study of Spirituality and Business," *Studies in Spirituality* 16 (2006): 273-85.

나는 이 질문들을 고민하고자 한다.

1. 리더와 리더가 섬기는 조직 모두에 있어, 리더가 영혼을 양육하기 위해 내적인 삶을 일구어가려면 어떻게 해야 할까?
2. 리더는 어디서 영혼을 충만하게 채울 수 있을까?
3. 리더들은 주변 환경의 압박에도 불구하고 지속적인 영혼 양육에 필요한 자원들을 어떻게 찾을 수 있을까?
4. 리더들이 건강한 영혼을 현실적으로 유지할 수 있을까? 그가 끝까지 인내할 때 일어나는 영적 변화의 과정이란 무엇이며, 그 과정은 어떻게 지원을 받을 수 있을까?

이 책은 이 물음에서 시작하여 리더들을 위한 영혼 형성과 유지 방법을 제안한다. 어떤 리더라도 따를 수 있는 원칙들을 개략적으로 보여주면서, 다른 리더들이 이 원칙들을 어떻게 실천에 옮겼는지 보여주는 사례들을 소개할 것이다. 이 책은 진정성 있는 윤리적 리더가 되는 방법, 내적이고 외적인 작용들이 그러한 몰입에 도전해올 때 리더가 영혼의 길을 유지하는 방식에 관한 책이다. 오랫동안 영혼과 더불어 조직을 이끌어가는 것이 가능하다는 사실과 영혼이 충만한 리더십이 낳을 수 있는 놀라운 조직적 성과들을 입증하고자 한다.

"영혼soul"에 대한 정의는 그 폭이 넓다. 영성에 관한 글을 쓰는 작가들은 한 사람이 소유한 무언가가 아니라 다만 가장 깊은 차원에 담겨 있는 그 사람의 인격에 대해 말할 때 "영혼"을 사용한다.[9] 내가 이해하기로는 한 사람의 이 깊은 본질은 종교적 신앙을 통해 표현되거나 또 다른 방식으로 표현될 수 있을 것이다. 종교적인 맥락에서든지 아니면 다른 맥락들에서든지 간에, 영혼은 정서적이거나 관계적인 깊이가 존중받는 방식, 발전이나 진화를 향한 갈망들이 자리할 공간을 마련하는 방법이다.[10]

이 책은 인터뷰들에 기반한다. 많은 경우, 나는 부각하고자 하는 리더에 대한 다양한 관점들을 얻기 위해 각 조직에서 다수의 사람을 인터뷰했다. 또한 리더와 조직에 관해 내가 찾아볼 수 있었던 모든 출판 자료, 조직 자체에서 (인쇄물로나 웹으로) 발간한 자료와 다른 이들이 리더와 조직에 관해 출간한 자료를 모두 읽었다. 어떤 인터뷰도 하지 않은 단 하나의 사례가 있다면, 인터뷰 일정을 조정하던 과정에 갑작스럽게 세상을 떠난 아니타 로딕Anita Roddick이었다. 나는 그녀와 어떤 인터뷰도 하지 못했지만, 영혼을 담아 이끌어가는 리더의 역할에 관해 그녀가 미친 중대한 영향 때문에, 그녀와 더바디샵the Body Shop을 다루는 풍부한 양의 출판 자료 덕분에, 그녀가 한 일을 이 책에 담기로 했다.

1부 "길 선택하기"에서는 영혼을 담아 이끄는 리더들이 어떻게 첫걸음

---

9 예를 들면, Gerald G. May, *Dark Night of the Soul: A Psychiatrist Explores the Connection between Darkness and Spiritual Growth* (San Francisco: Harper San-Francisco, 2004), 42, 그리고 Tilden Edwards, *Spiritual Director, Spiritual Companion: Guide to Tending the Soul* (New York: Paulist Press, 2001), chapter 2를 보라. 에드워즈는 히브리 성서와 그리스도교 성서, 고대 그리스, 시대에 걸쳐 영적 작가들에게서 발견되는 "영혼"의 정의가 지닌 미덥지 못함을 지적한다. 에드워즈가 지적해내듯이, "영혼"은 "어떤 하나의 정의로 잡아내기에는 지나치게 크고 너무 감춰져"(30) 있어서, 초월적인 것과 내재적인 것이 교차하는 자리로 우리를 데려가는 암시적 용어이다.

10 이러한 영혼 이해에 관한 더 많은 설명과 예시를 확인하려면 Margaret Benefiel, *Soul at Work: Spiritual Leadership in Organizations* (New York: Seabury Books, 2005)를 보라.

을 내디딜 수 있는지에 초점을 둔다. 1부의 세 가지 장들, "마음 따르기", "동반자 찾기", "담대히 꿈꾸기"는 모두 리더들을 위한 영혼 형성의 원칙들을 개략적으로 보여준다. 1부는 사업, 보건의료, 엔터테인먼트, 비영리 분야 리더들의 삶에서 추린 사례들을 활용해, 멈칫거리면서도 첫걸음을 뗀 후 길을 걷는 법을 배워가는 리더들을 소개한다.

2부 "방향 유지하기"에서는 영혼에 기반한 리더십의 새로움이 사라지자마자 불가피하게 발생하는 도전의 한복판에서 리더들이 어떻게 방향을 유지할 수 있을지를 고찰한다. "사명을 최우선으로 하기", "감사 연습하기", "영혼을 위해 싸우기"로 구성된 2부는 길에서 자신을 밀어낼뻔한 압박을 실제로 마주한 리더들의 삶에서 추린 사례들을 다시금 활용하여, 집중을 유지하는 데 필요한 원칙들을 개략적으로 보여준다.

3부 "끝까지 인내하기"에서는 리더들이 오랫동안 인내하는 데 도움이 되는 원칙들에 대해 생각해본다. "폭력의 순환 끊기"에서는 비폭력이 실천될 때 리더와 그가 직면한 상황에서 일어나는 변화를 고찰한다. "끝까지 인내하기"에서는 이 책에 제시된 원칙들을 실천하는 리더들과 조직에서 일어나는 변화의 과정을 숙고한다. 마지막 장인 "영적 지침 찾기"는 리더의 삶에서 영적 지침의 필요성과 가치를 설명한다.

각 장의 마지막에는 몇 가지 질문이 제시되어있다. 퀘이커 전통의 관점에서, 물음은 성찰을 장려하기 위해 고안된 열린 결말이다. 정답이나 오답이 정해져 있지 않은 이 물음은 독자들이 개인의 차원과 조직의 차원 모두에서 각 장의 주제를 성찰할 수 있도록 이끌어줄 것이다.

마지막으로 덧붙여, 이 책이 말하는 리더십은 넓은 의미를 가진다. 자신의 영향력이 미치는 범위 안에서는 누구나 리더다. 한 회사의 CEO는 명백히 리더이지만, 매니저와 관리자도 자기 자신의 영향력이 미치는 범위 안에서는 마찬가지다. 동료나 환자들을 이끄는 가정부나 간호조무사도 그렇다. 책에서의 사례들은 주로 조직 리더십에서 추려졌지만, 활용된 리더십 업적 중 일부, 이를테면 데스몬드 투투, 락밴드 U2의 디 에지The Edge, 필라델피아시 길거리 위원 클라레나 톨슨Clarena Tolson과 같은 사례는 전통적인 조직 리더십의 경계를 넘어선다. 원칙들은 어디에서나 적용된다. 부모, 교사, 위원장을 비롯해 작건 크건 어떤 영역에서라도 누구나 이 원칙들을 적용할 수 있고 영혼과 더불어 이끌어갈 수 있다. 당신이 이 책을 읽고 물음들을 두고 성찰할 때, 스스로 자신을 가볍게 여기지 않기를 바란다. 당신이 다른 이들에게 영향을 미치는 인생의 여러 자리를 기억하라. 이 책에 나오는 리더들의 행동이 불러온 파급효과를 보면서, 당신의 행동들 또한 파급효과를 일으킨다는 사실을 기억하라.

즐거운 독서 여정 되시길!

◇◇◇

제1부

길 선택하기

◇◇◇

01

마음 따르기

1968년, 톰 채플Tom Chappell은 필라델피아의 보험업계에서 성공적인 경력을 쌓으며 바삐 지냈다. 하지만 그와 아내 케이트Kate는 무언가 빠져 있다고 느꼈다. 그들은 자연과 더불어 아이들을 키우고 싶었고, 천연 제품을 사용하며 깨끗한 환경을 일구는 데 도움이 되는 일을 찾기 원했다. 그 다음 해의 봄, 그들은 자녀들과 함께 오래 살던 곳을 떠나 메인주로 이사했다. 새로운 삶을 찾기 위해, 오직 꿈과 기도만을 가지고 말이다.

충만한 영혼을 가지고 세상을 이끄는 일을 향해 나아가는 길 위에서, 멈칫거리며 첫걸음을 내딛는 리더들에게 톰과 케이트의 경험은 이례적이지 않다. 일반적으로 마음을 따르는 것은 '관심 기울이기', '첫걸음 내딛기', '비틀거리기'라는 세 단계를 수반한다.

이 장에서는 이를 경험한 리더들의 사례들을 들어 각 단계를 설명하는 동시에 어떠한 이들이 일어나는지 개략적으로 보여줄 것이다. 퍼스널케어 제품 생산업체 탐스오브메인Tom's of Maine의 공동창업자인 톰과 케이트, 보스턴의 매사추세츠 종합병원MGH에서 250명 규모의 약제부 책임자가 된 멕 클랩Meg Clapp 및 예초기와 여타의 조경제품을 생산하는 선도적인 업체 토로Toro의 CEO가 된 켄 멜로즈Ken Melrose의 사례를 소개한다.

관심 기울이기

마음은 제 갈망을 많은 방식으로 알린다. 그러나 리더십을 요구하는 나날의 북새통 속에서, 리더들은 자신의 마음이 건네오는 말을 무시하기 쉽다. 내적인 것을 배제한 채 외적 현실에 맞춰진 서구문화의 초점은 마음의 동요를 은폐한다. 바쁨의 한복판에서 여유 공간을 빚어내고 동요하는 마음에 관심을 기울일 용기를 가진 리더는 풍성한 보상을 거둘 것이다.

톰과 케이트의 경우, 마음에 관심을 기울이는 일은 불만족이 낳은 동요에 귀를 기울이는 것을 뜻했다. 톰이 훌륭한 직업 경력을 쌓고 있었음에도, 그들은 무엇인가 부족하다고 느꼈다. 그들의 마음은 다른 방식으로 세상에 공헌할 수 있다고 속삭이고 있었다. 마음의 갈망에 귀를 기울이면서, 그들은 무엇을 통해 공헌할 수 있는지를 깨닫기 시작했다. 케이트는 이렇게 회고한다.

톰과 저는 무엇이 우리를 부르고 있는지에 관심을 기울이는 강한 감각이 있었어요. 사업뿐만 아니라, 인생의 교차로에 서서 마주했던 여러 측면에 대해서도 마찬가지였지요. 다음 발걸음이 어떻게 될지를 두고 저희는 성찰하고 기도하려 노력합니다. 당신이 영적인 것을 받아들인다면, 그것은 당신이 귀를 기울이는 중요한 목소리가 됩니다. 제 생각에 우리 문화는 그 목소리를 뭉개고 무시하고, 억누르는 것 같아요. 그리고는 여느 때처럼 사업을 계속하려 하는 경향이 있지요.

관심 기울이기는 용기를 요구한다. 톰과 케이트에게는 괜찮은 소득을 보장하는 안정된 직장에서 편안하고 안전하게 머무르는 게 더 쉬운 선택이었을 것이다. 세상에 공헌하는 것에 관심을 가지긴 했지만, 이내 그것이 지나치게 이상적이라든가 몇 년 후의 장래에나 귀를 기울여볼 무언가라는 마음의 목소리를 뭉개버리기가 쉬웠을 것이다. 그러나 톰과 케이트에게는 마음이 자신들을 어디로 이끌지 몰랐음에도 내면에 관심을 기울일 용기가 있었다.

톰과 케이트처럼, 매사추세츠 종합병원 약제부의 레지던트 수련의였던 멕 클랩은 자신이 몰두하고 있던 길이 본인을 위한 길이 아니라고 말하는 마음에 관심을 기울였다. 그녀의 마음은 몸담고 있던 조직에서 사용하는 전통적인 방식의 리더십이 자신에게 어울리지 않는다고 말하고 있었다. 레지던트 과정을 시작하면서, 지도교수들과 그들의 리더십 스타일이 부서에 미치는 영향을 관찰한 멕은 자신의 마음이 리더십에 사로잡혀 있음을 깨달았다. 보건의료 리더십 분야에서 빠르게 승진하면서, 멕은 효과적인 것으로 여겨져 온 병원 내 고위 인사들의 전통적인 지휘 통제 리더십 스타일과 자신 및 하급자들의 사기를 꺾어버리는 그 리더십 스타일의 효과 사이에 있는 유의미한 단절을 발견했다. 그녀의 마음은 분명 보다 나은 길이 있음을 말하고 있었다. 자신의 마음에 관심을 기울이는 것은 용기가 필요했다. 그녀의 멘토들은 자신들이 사용하는 방법을 논리정연한 근거와 함께 제시했고, 그녀로서는 분명하게 내어놓을 대안이 전혀 없었기 때문이다.

1973년, 토로 사의 미네아폴리스 본부 마케팅 이사였던 켄 멜로즈는 새롭게 인수된 미시간주 남서부의 놀이터 설비업체 게임타임Game Time을 이끌기 위해 이직했다. 그때부터 그는 이전의 리더가 이끌었던 방식대로는 조직을 이끌 수 없다고 말하는 마음에 관심을 기울였다. 게임타임의 전임 회장은 회사를 설립하고 오랫동안 일한 경험이 있었지만, 켄은 그 업계에서 신참내기일 뿐이었다. 그가 알고 있던 것은 놀이터 설비업체가 아닌, 예초기 마케팅이었다. 그러나 게임타임의 직원들은 실질적인 결정 대부분을 회장이 내려주기를 기대했다. 켄이 위험을 무릅쓰고 사업에 관한 모든 것을 빠르게 배워나가고 실질적인 결정들을 내리는 의사 결정자의 역할을 맡으려 할 수도 있었지만, 그의 마음은 무언가 다른 것이 회사에 필요함을 말하고 있었다. 본인 능력 밖의 욕심을 부리다가 실패할 게 뻔했고, 직원들에게는 대장 노릇을 하기 위해 지나치게 많은 책임을 맡은 리더 한 사람이 그다지 도움이 되지 않을 것이었다.[1] 켄은 자신을 새로운

---

1 로널드 하이페츠의 용어를 빌자면, 멜로즈는 수행되어야만 하는 "적응적" 업무를 식별하고 "사람들에게 감당할 수 있는 비율로 업무를 돌려준" 리더의 좋은 사례다. (Heifetz, *Leadership without Easy Answers* [Cambridge, Mass.: Belknap Press of Harvard University Press, 1994], and Ronald

길로 이끌어가는 마음에 관심을 기울였다.

마음이 자신을 어디로 이끌지 분명히 알지는 못했지만, 톰과 케이트, 멕, 켄은 마음이 말하도록 관심을 기울이고 그 목소리를 신뢰할 수 있다는 사실을 알고 있었다.

첫걸음 내딛기

첫걸음을 내딛기는 쉽지 않다. 반대론자들은 안팎에서 당신이 있는 자리에 그대로 머무르는 게 안전하다고 주장할 것이다. 왜 잘 알지도 못하는 과정에 발을 내딛으려 하는가? 잘 알지도 못하는 곳으로 떠나는 모험에서 어떤 좋은 결과를 얻을 수 있다는 말인가? 내적 현실을 은폐하는 현대 서구문화에, 사람들은 마음에 응답하는 가운데 발걸음을 내디뎌야 한다는 말에 동의하지 않는다. 그들은 마음 따르기의 첫걸음을 내딛는 누구에게나 일어날 일을 두려워한다. 더욱이, 마음에 응답하는 가운데 발걸음을 내딛는 리더들과 그 리더들이 이끄는 사람들을 두려워한다.

리더십에 대해 배웠던 모든 것에 있어서, 리더들은 외적인 것에 집중하도록 배웠다. 외형적인 결과가 중요한 데 반해, 내적인 삶은 그렇지 않다고 생각했다. 내적인 삶이 무시되었기에, 마음은 서서히 망각 속으로 사라진다. 마음에 응답하는 가운데 발걸음을 내딛는 일은 리더들이 배웠

Heifetz and Martin Linsky, *Leadership on the Line* (Boston: Harvard Business School Press, 2002). 하이페츠가 리더십의 "영혼"을 명시적으로 다루지는 않지만, 그가 사용하는 많은 사례는 내적인 삶을 강력하게 발달시킨 리더들에 관한 것이다. 내가 보기에, 강력한 내적 중심을 발달시킨 사람만이 하이페츠가 말하는 "적응적" 리더십을 끊임없이 실천할 수 있다.

던 모든 것에 정면으로 도전한다.

마음은 각자가 걸어야 할 길이 반드시 존재하며, 그 길은 인생의 성취와 밀접하게 연결되어 있음을 안다. 마음은 리더가 첫걸음과 이어지는 또 다른 걸음들을 계속해서 내딛도록 돕는 나침반 역할을 한다.

멕 클랩은 MGH 약제부를 위한 리더십에 접근하는 새로운 방법을 개척하는 첫걸음을 내디뎠다. 톰 채플과 달리, 멕은 자신의 직업을 유지했다. 그러나 자신의 새로운 리더십 스타일과 더불어, 그녀는 혼자서 독립했다. 첫걸음은 자신의 상급자들이 빚어온 방법들에 "아니오"라고 말하는 것으로 시작했다. 이것은 지휘 통제식 문화, 위에 있는 이들에게 권력을 몰아주고 낮은 직급에 있는 이들을 무시했던 문화를 끝내는 것을 뜻했다. 멕은 다른 길을 추구했고, 자신이 택하려던 길을 확신하지 못했을지라도, 본인의 책임으로 새로운 무언가를 시도하는 일의 걸음을 뗐다. 그녀는 직원들을 귀하게 여기는 데서, 그들을 존엄한 존재로 정중하게 대하기 시작했다. 자신이 그들의 조언을 소중하게 생각한다고 말해주었다. 그녀는 사업 계획과 의사결정 과정에 그들을 포함시켰다.

어떤 일을 해야 할지 지시를 받는 것에 익숙해져 있던 게임타임의 직원들은 결정해야 할 주요 사안들을 들고 켄 멜로즈를 찾아왔다. 매입 관리자가 철강을 얼마나 주문할지 묻기 위해 켄에게 왔을 때, 켄은 첫걸음을 내디뎠고 자신은 알지 못한다고 말했다. 놀라 눈이 휘둥그레진 매입 관리자는 전임 회장이 늘 얼마나 주문할지를 말해주었다고 이야기하며,

이번에도 지시해주기를 간청했다. 켄은 기업문화에 순응하라는 압력에 굴복할 수 있었다. 그는 자신이 알아야만 했던 것을 배우고, 그 뒤에 매입 관리자에게 철강을 얼마나 주문할지 말해줬을 수도 있었다. 그러나 그렇게 하지 않았다. 대신, 그는 그 순간을 기회, 즉 직원들이 의존적인 태도를 벗어나 권한을 가지고 일할 수 있도록 첫걸음을 뗄 기회로 보았다. 그는 매입 관리자에게 이렇게 설명했다. "나는 철강을 얼마나 주문해야 하는지 모릅니다. 이전에 이 일을 해본 적이 없어요. 그러나 생산 관리자가 만들려고 계획 중인 회전목마가 얼마나 많은지 하는 것들처럼, 결정을 내리기 위해 내가 알아야 할 몇 가지 사항만 알고 있지요. 저 혼자서가 아니라 우리가 함께 물음에 답할 수 있을 겁니다." 창고에 재고가 얼마나 남아 있는지, 회전목마 하나를 만드는 데 철강이 얼마나 필요한지, 판매 전망은 어떠한지 알아내기 위해 재고 관리자, 생산 관리자, 판매 관리자를 함께 불러 켄은 많은 질문을 던졌다. 부서별 답변을 매입 관리자와 함께 심사숙고함으로써, 켄은 그가 스스로 결정할 수 있도록 도와주었다. 그렇게 켄은 첫걸음을 내디뎠다.

톰 채플은 수익성이 좋은 필라델피아에서의 보험업계를 떠나 미지의 세상을 향해 나아가면서 첫걸음을 내디뎠다. 그와 케이트는 집을 떠났고, 가족과 함께 오래 살던 곳을 벗어나 북쪽으로 향했다. 오직 마음만이 이끌어가도록 하면서 말이다. 케이트는 이렇게 말했다.

사람은 언제나 여행 중인 거예요. 인생의 여러 단계에서 당신은 이전에는 제대로 굴러가던 것이 더는 그렇지 않다는 사실을 알게 되지요. 거기에는 이유가 있어요. 그곳이 하느님이 당신을 부르고 계신 지점입니다. 당신이 어떤 방식으로든 돌이키도록, 다른 방식으로 인생을 마주함으로써 자신의 새로운 길을 볼 수 있도록 말이에요. 가던 길을 벗어나 새로운 곳에서 당신이 하리라 기대하지 않던 무언가를 해내기는 참 어려운 일입니다. 그러한 지점들에서, 당신 자신의 중심에 있다고 느끼는 것과 만날 수 있다면 당신은 새로운 길 위에서 혼자가 아님을 느끼게 될 겁니다.

그들은 메인주 남부로 이사했고 톰은 사업가인 자신의 아버지와 함께 일하게 되었다. 그들은 앞으로 어떤 일이 일어날지 알지 못했지만, 차후의 걸음들이 스스로 드러날 수 있으려면 첫걸음을 내디뎌야만 한다는 것을 알고 있었다.

비틀거리기

걸음마를 배우는 아이처럼, 마음에 응답하는 가운데 첫걸음을 내딛는 리더들은 필연적으로 비틀거리기 마련이다. 성공하기만을 기대하는 세상에서, 비틀거리기 위해서는 용기가 필요하다. 성과, 다음 분기 이익에 맞춰진 서구문화의 초점 탓에, 비틀거리는 리더들은 관대한 대우를 받지 못한다.

성공에 집중하는 것이 중요하지만, 관대함 역시 마찬가지로 중요하다. 리더들이 비틀거릴 여유를 갖지 못할 때, 그들의 마음은 열정을 상실한다. 비틀거리기는 마음을 따르는 사람들이 겪는 필수적인 과정이며, 리더들은 최선을 다하는 한 비틀거릴 수 있다는 허락, 자기 자신에게 주어지는 허락과 자신이 책임지고 있는 이들이 내어주는 서로의 허락이 필요하다.

켄 멜로즈는 게임타임에서 직원들과 함께 실수하고 배워나가면서 비틀거렸다. 예를 들어, 보고된 판매 전망 시기가 틀려서 결과적으로 회사가 지나치게 많은 회전목마를 생산하게 된 때도 있었다. 잘못된 질문을 하거나 자신이 받은 답변에 오류가 있음을 깨닫지 못하기도 했다. 그는 자신이 가르치고 있었던 바를 모델로 만들기로 마음먹었다. 배움을 위해서는 실수가 필요했고, 배울 수 있다면 (어느 정도까지의) 실수들은 용인되어야 했다.

1976년에 켄은 야외용 전동장비 부서를 이끌기 위해 토로의 법인 사무실로 돌아왔고, 게임타임에서 3년간 배웠던 것들을 토로의 기업문화에 적용시키는 과정에서 그는 다시금 비틀거렸다. 그는 의사결정 과정에 사람들이 참여하는 것이 중요하다고 생각하고, 일터에서 사람을 우선시하는 방법에 초점을 두어 격식에 얽매이지 않는 금요 아침 관리자 모임을 시작했다. 그는 거기서 고위 임원들이 리더십의 변화를 지지하지 않는 경우 기업문화에 영향을 주는 것이 얼마나 힘든지 배웠다. 후에 이 과정을 돌이켜보면서 켄은 자신이 5년에서 10년 후 일어날 변화를 위한 씨앗을 그 조직에 심어두었다는 사실을 알게 되었다.

저에게 자연스러운 결론은 정상에 있지 않은 한 문화를 바꿀 수는 없다는 것이었습니다. 그게 제 첫 결론이었지요. 그러나 저는 조직을 다르게 관리하고 이끌기를, 우리가 결정 내리는 방식에 대해 자세히 논의하기를, 사람들에게 미치는 영향이란 무엇인지 또 우리가 이 과정들에 어떻게 사람들을 참여시키는지 유념하기를 바라는 적은 수의 몇몇 관리자들과 임원들(이사 직급과 부회장)이 있다는 사실을 알게 되었습니다. 모임을 마치고 주말 동안 모임에 대해 생각할 때, 그 사실이 우리에게 힘을 주고 모임을 지탱하는 요소였습니다. 우리는 사람들을 바라보는 더 높은 차원의 방식,, 더 큰 배려와 연민을 우리가 하는 일에 불어넣을 수 있도록 충전되어 월요일에 돌아왔습니다. 정말 큰 도움이 되었습니다. 1980년대 초, 우리가 새로운 토로를 형성하고 있던 시기에는 많은 사람이 여전히 주변부에 있었거든요. 그들은 이렇게 말했습니다. "그 모임은 우리의 문화를 만드는 데 도움이 된 풀뿌리 요소 중 하나였습니다. 우리는 그렇게 하고 있다는 사실조차 모르고 80년대의 문화를 만들고 있었어요."

1981년, 켄이 토로의 CEO가 되었을 때, 병든 회사를 물려받은 그는 다시 한번 비틀거렸다. 절반이 넘는 직원을 해고할 수밖에 없게 된 켄과 그의 팀은 몇 가지 힘든 결정들을 내려야만 했고, 인도적인 방식의 기업 구조조정을 추진하면서 그는 비틀거렸다. 그는 이때부터 신앙에 더 깊이 의지하기 시작했다.

"왜 제가 떠나야만 하나요? 왜 저를 끝장내시려 하는 건가요? 우리는 10동 안이나 친구였어요. 항상 당신이 좋은 사람이라고 생각했는데, 이제 저는 떠날 수밖에 없군요." 이렇게 울부짖으며 제 사무실로 찾아오는 사람들과 대화할 때마다 저는 생각했습니다. "내가 무슨 짓을 한 걸까? 이건 내가 아니야. 이 일을 하는 게 너무 싫어."

그리고 생각했지요. "나는 스스로 이 일을 할 수 없어. 여기에는 하느님의 도움이 필요해." 그래서 이렇게 적힌 표지판을 만들었습니다. "하느님의 뜻은 네가 지금 여기 있는 것이다." 그걸 제 전화기 바로 위 벽에 붙여두었고, 통화할 때마다 고개를 들어 그 문구를 볼 수 있었죠. 이걸 많은 사람에게 말하지는 않았지만 저는 책임감 때문에 정말 겁에 질려 있었고 두려움에 짓눌리고 있었습니다. 저는 이것이 하느님의 뜻이었고 그분이 제가 여기 있도록 계획하셨으며 그게 지금 일어나도록 하셨다는 사실을 떠올려야만 했어요. 그렇게 하시는 이유가 있겠지요. 혼자가 아니니까 그냥 견디는 겁니다. 그때부터 신앙에 의지하기 시작했습니다.

결국 켄 멜로즈와 그의 팀은 토로를 다시금 아주 성공적인 기업으로 만들어냈지만,[2] 그가 CEO로 일하기 시작한 초창기에는 그가 발휘한 리더십의 결과가 무엇이 될지 아직 명확하지 않았다. 켄은 자신의 마음 따르기를 추구하면서 비틀거렸다.

멕 클랩은 이끌어가는 일에 관해 새로운 방법을 찾으면서 비틀거렸다. 리더십에 대한 정식 훈련이 부족했던 그녀는 손이 닿는 모든 경영 서적을

---

2 켄 멜로즈의 리더십 아래에 있는 토로의 전체 이야기를 읽으려면, 멜로즈의 *Making the Grass Greener on Your Side: A CEO's Journey to Leading by Serving* (San Francisco: Berrett-Koehler, 1995) 을 보라.

읽으며 스스로 학습했다. 그녀는 직원들과 함께 작업했고 자신이 발견한 새로운 경영 이론을 그들에게 적용시켜보았다. 이론이 효과가 있는지 확인해보기 위해서 말이다. 뒤늦게서야 그녀가 인정한 큰 실수 중 하나는 직원들이 "밸런타인데이 학살"이라고 부르는 사건이었다. 그 사건은 그녀가 급작스럽게 부서를 재조직했던 날, 직원들은 자신이 맡게 된 업무가 무엇인지, 팀 동료는 누구인지 모르는 상태에서 우왕좌왕했다. 혼란은 한동안 이어졌다.

그러나 멕은 자신이 실수에서 배웠다는 사실을 알아차렸고, 직원들은 그녀를 용서했다. 필요한 변화라면 무엇이든지 그녀가 만들어낼 것이라는 사실을, 그녀가 자기 생각을 고집하지 않는다는 사실을, 그녀가 직원들에게 최선의 이익을 주려 한다는 사실을 그들이 알고 있었기 때문이다. 멕은 이렇게 말했다. "제 직원들에게 이렇게 이야기해요. '저는 여러분에게서 최선의 것을 끌어내어 우리 환자들이 승리하게 하려고 이 자리에 있습니다.'" 그녀의 언행이 일치하기에 직원들은 그녀를 믿었다.

멕에게 비틀거림과 넘어짐은 걸음마를 배우는 일, 영혼을 담아 일하기를 배우기 위해 불가피한 과정이었다. 결국 그녀의 실패는 성공에 이르렀다. 예를 들어, 밸런타인데이 학살이라고 불리는 조직 개편은 부서의 목을 조여오던 계급적 리더십 모델을 부쉈다. 처음에는 조직 개편 자체가 무척 험난한 일이었지만, 그것이 행렬적matrix 리더십 모델을 위한 길을 열었고 거기서 약제부의 리더십은 정해진 역할보다는 각각의 재능을 중심으로 다시 조직되었다.

톰과 케이트 채플은 자신들의 길을 찾으려 노력하면서 비틀거렸다. 오직 자신들의 기업가 정신에 인도되어, 그들은 메인주 남부로 이사했다. 거기서 톰은 자기 아버지 회사에서 일했다. 2년 뒤, 톰은 자신의 아버지와 함께 일하는 것이 본인의 길이 아님을 깨달았고, 그와 케이트는 그들만의 회사를 시작하기 위해 다시 길을 떠났다.

톰과 케이트는 천연 제품 개발을 두고 실험하면서 사업 초기에 비틀거렸다. 그들은 비틀거림이 성취를 이루기 위한 과정임을, 혁신이란 몇 걸음 내딛기, 비틀거리기, 다시 일어서기에 관한 게 전부임을 배워나갔다. 한 친구가 그들에게 5,000달러의 대출을 제안했고, 그들은 꿈꿔오던 제품을 개발하는데 물불을 가리지 않고 뛰어들었다. 첫 제품, 낙농장 청소용 무공해 세제는 큰 수익을 남긴 상품은 아니었지만, 그들의 두 번째 제품, 재활용이 가능한 플라스틱병에 담겨 클리어레이크(Clearlake)라는 상표가 붙은 세탁용 무공해 세제를 만들 수 있는 해준 기반이 되었다. 나쁘지 않은 결과를 거둔 세탁용 세제 클리어레이크 덕분에 그들은 비누, 샴푸, 치약으로 사업의 영역을 확대해 나가면서도 도산하지 않을 수 있었다. 완전히 실패한 몇몇 제품들과 가벼운 성공을 거둔 제품들을 통해, 그들은 비틀거리면서도 배워나갔고 결국 성장했다.[3]

비틀거림을 통해, 켄 멜로즈, 멕 클랩, 톰과 케이트 채플은 자신들의 마음이 나침반 역할을 할 수 있음을 배웠다. 나침반이 가리키는 방향을

---

3 더 완전한 이야기를 읽으려면, 톰 채플의 저서 두 권을 보라. *The Soul of a Business: Managing for Profit and the Common Good* (New York: Bantam, 1993) 그리고 *Managing Upside Down: The Seven Intentions of Values-Centered Leadership* (New York: Morrow, 1999).

향해 나아가는 길은 단순하지 않다. 충만한 영혼과 더불어 나아가는 일, 마음이 속삭이는 목소리에 귀 기울이며 걷는 일은 비틀거림과 넘어짐, 그리고 다시 일어남의 연속이었다. 하지만 그 과정을 통해 충만한 영혼은 결국 자기 자신을 드러내 보일 것이다.

결론

마음 따르기는 걸음마 배우기와 같다. 관심 기울이기, 첫걸음 내딛기, 비틀거리기는 아이가 걷는 데 필수적으로 필요한 과정들이다. 마찬가지로, 관심 기울이기, 첫걸음 내딛기, 비틀거리기는 리더가 자신의 마음을 따르는데 필요한 준비물이다. 사방에서 위협을 마주하게 되는 리더십 세계에서, 이리더들이 마음 따르기 위해서는 용기가 필요하다. 내적인 삶이 무시당하고, 측정되는 것만이 진짜가 되는 마구잡이식 리더십 문화에서, 마음은 서서히 망각되고 만다. 자신의 마음을 따르는 리더들은 다른 현실이 있음을 확고하게 주장한다. 발걸음을 내딛고, 잘못된 길에 들어서기도 하며, 넘어지고 비틀거리는 리더들의 모습은 충만한 영혼과 더불어 사는 일, 마음의 속삭임에 귀 기울이는 일들이 어떤 굴곡을 지니고 있는지를 가르쳐준다.

물음들

1. 마음에 관심을 기울이기 위해서는 어떤 실천이 필요할까요? 지금 당신은 자신의 마음에 관심을 기울이고 있나요?

2. 망각과 더불어 당신의 주변 환경은 어떤 방식으로 마음을 위협하나요? 다른 현실이 있음을 어떻게 하면 설득할 수 있을까요?

3. 당신의 마음이 내디뎌보라고 손짓하는 첫걸음은 무엇인가요?

4. 당신은 비틀거림에서 무엇을 배웠나요? 어떤 위험을 감수하고 있으며 어떻게 비틀거림을 통해 배워나가고 있나요?

02

동반자 찾기

2002년 초, 워싱턴주 롱뷰에 위치한 성 요한 의료원의 CEO로 부임한 메드리스 콜루치오Medrice Coluccio는 절망적인 상황에 직면했다. 직원들의 사기는 곤두박질쳐 있었고, 환자의 만족도는 낮았으며, 재정은 파탄이 나 있었다. 게다가 이미 워싱턴주에서 가장 가난한 지역 중 하나인 롱뷰 지역은 9·11 사태 이후의 경기 불황으로 추가적인 타격을 입은 상태였다.

이곳에 오겠다는 결정은 자신이 한 것이지만, 그녀는 절망적인 상황을 홀로 뒤바꾸어낼 가능성이 없다는 사실을 알고 있었다. 그녀는 무엇을 하고자 했을까?

리더는 자신이 끌리는 일을 해야 한다. 이것이 '마음 따르기'이다. 그래야만 비틀거리면서도, 넘어지면서도, 그 길을 갈 수 있게 된다. 마음이 이끄는 길을 가다보면 무슨 일이 일어날까? 곧 자신에게 동반자가 필요하다는 사실을 알게 된다. 마음이 이끄는 길을 가는 것처럼, 동반자를 찾는 것

역시 오르내림을 수반하는 과정이다. 이 장에서는 동반자 찾기의 세 가지 원칙인 진심 말하기, 공명 탐색하기, 동반자 관계 요청하기를 고찰해볼 것이다. 이 원칙의 결과는 방금 이야기 한 메드리스 콜루치오, 보스턴에 자리한 랜드리 자전거Landry's Bicycles의 총괄 관리자 톰 헨리Tom Henry, 텍사스의 보건의료 기반 성소Sacred Vocation 프로그램의 공동창설자 랍비 사무엘 카프Samuel Karff의 이야기를 통해 확인할 수 있을 것이다.

진심 말하기

동반자를 찾기 위해, 리더는 반드시 진심을 말해야 한다. 1장에서 언급 했듯이, 마음이 이끄는 길을 따라 첫걸음을 내딛는 일은 용기가 필요하다. 그리고 진심을 말하는 일은 심지어 더 큰 용기가 필요하다. 동반자를 얻기 위해 진심을 말하는 것은 자신이 지금 도움을 필요로 한다는 사실을 인정해야 가능한 일이다. 서구문화는 리더에게 "혼자 해낼 것"을 강조한다. 이는 "드러나는 결과에 집중하라"는 요구보다 더 강력하다. 그렇기에 도움이 필요하다는 사실을 인정하는 것은 보통 나약함으로 여겨진다. 그러나, 드라마 주인공처럼 척척 일을 해결해야 한다는 사고방식은 마음을 다해 조직을 이끌어가기 위해 필요한 원칙과는 정반대의 방식이다. 모든 위대한 영적 지도자들이 분명히 말했듯이, 사람들이 살아가기 위해서는 서로가 필요하다. 동반자를 찾기 위해 진심을 말하려면, 자신이 이끄는 조직에게 지금 이 사람이 필요하다는 사실, 이 사람을 통해 자신의 조직이 도움을 받게 될 것이라는 신뢰가 있어야 한다. 이처럼 진심 말하기는 서구의 관습적인 지혜에 맞설 용기를 요구한다.

메드리스 콜루치오는 면접 시작부터 자신의 진심을 전했다. 메드리스는 자신과 다른 이들이 더 나은 삶을 살 수 있도록 만들고 싶었다. 그것이 그녀의 마음이 이끄는 길이었다. 메드리스는 면접에서 자신은 사명을 최우선에 두는 기관을 원했기에, 피스헬스Peace Health(성 요한 의료원의 모체)를 설립한 종교 공동체인 평화의 성 요셉 자매회the Sisters of Jt. Joseph of Peace가 운영하는 성 요한 의료원에 끌렸다고 이야기했다. 그녀는 자신이 기관에서 맡게 될 자리에는 관심이 없었다. 중요한 것은 자신의 사명을 기반으로 일할 수 있게 되는 것이었다. 이 진심을 담은 이야기를 하기 위해 메드리스에게는 용기가 필요했다. 메드리스 본인이 인정했듯이, 당시 병원 상황은 좋지 않았다. 그녀는 당시 병원이 인공호흡기를 달고 있었다고 말했다. 이처럼 어려운 시기에 사업에서 통용되는 관습에 저항하며, 사명을 최우선에 두는 것이 결국에는 환자 만족도를 증대시키고 더 나은 수익을 가져오리라 믿기 때문에 이에 집중하겠다고 말하는 것은 용기가 필요한 일이었다. 메드리스는 몇몇 사람들이 자신에게 동의하지 않으리란 사실, 그들이 자신을 비현실적인 사람이라고 생각할 것이라는 사실을 알고 있었다. 그러나 그녀는 자신의 진심을 숨기지 않았다. 진심을 말함으로써 자신에게 필요한 동반자들에게 가까워질 것이라고 확신했기 때문이다.

현재 보스턴 랜드리 자전거Landry's Bicycles 총괄 관리자로 일하는 톰 헨리는 1987년, 자기 형과 형수가 운영하는 자전거 판매점의 공동소유주가 되었다. 타고난 상상가인 톰은 랜드리 자전거가 미국에서 가장 좋은 자전거 가게가 될 수 있다고 믿었다. 자전거 이용자가 더 나은 이용환경을 누릴 수 있도록 영향력을 행사하기 위해 독립적인 자전거 가게들이 함께 뭉칠 수 있다고, 함께 뭉쳐 월마트Wal-Mart 같은 대형 할인점에 빼앗긴 시장 점유율을 되찾는 것은 물론, 더 늘릴 수 있다고 믿었다. 그는 더 나은 세상을 위해 자전거가 필요하다고 믿었다. 톰은 형 피터Peter와 형수 진 헨리Jeanne, 직원들, 다른 자전거 가게 주인들, 다른 자전거 이용자들에게 자신의 비전을 진심을 담아 이야기했다.

톰은 위험을 감수했다. 각각의 자전거 가게들이 서로 극심하게 경쟁하는 상황에서, 그는 협력에 관한 자신의 비전을 공유했다. 생존이 우선시되는 소기업 문화 속에서, 최고가 되는 것에 관한 비전을 공유했다. 매사추세츠의 냉정한 정치판 안에서, 그는 어디든 연결된 자전거길에 관한 비전을 품고 로비활동을 했다. 랜드리 자전거에서, 더 큰 규모의 자전거 소매업 집단에서, 공공정책 무대에서 톰은 끊임없이 자신의 진심을 말했다.

은퇴 랍비인 사무엘 카프는 텍사스주 휴스턴에서 병원 신세를 져본 후 자신의 진심을 말했다. 의존적이고 연약한 병원 환자로 지내본 경험을 통해 랍비 카프는 자신을 돌보는 의료인들 역시 의존적이고 연약하다는 사실을 알게 되었다. 그는 병원이 진료를 받는 이들뿐만 아니라 직원들의 사기까지도 떨어뜨릴 수 있다는 사실을 발견했다. 그는 애당초 보건의료 종사자들을 현장으로 인도했던 소명감을 어떻게 다시 살릴 수 있을지 고민했다. 어떻게 해야 보건의료 종사자들과 환자들 모두가 존엄과 자립에 대한 감각을 되찾을 수 있었을까?

랍비 카프는 의료인이 소명에 대한 감각을 되찾는 일에 관한 자신의 비전을 진심을 담아 말했다. 그는 자신의 비전을 병원의 행정관리자들, 의사들, 연구자들에게 전했다. 자금을 지원할 여력이 있는 이들에게도 전했다. 그의 생각에 반대하는 이들에게 비전을 공유하는 일은 용기가 필요한 일이었다. 사람들은 세속병원에 적용하기에는 그의 비전이 너무나도 종교적이라고 생각했고, 빠르게 돌아가는 오늘날의 보건의료 세계에서는 그의 비전이 지나치게 이상적이라 말했다. 그의 비전으로는 자금을 받는 것이 불가능할 것이라고 생각한 이들도 있었다. 하지만 랍비 카프는 이 모든 어려움에도 불구하고 자신의 비전을 진심을 담아 말하기를 멈추지 않았다.

공명 탐색하기

진심을 말한 후, 공명을 탐색한다. 자신이 말한 비전을 들으며 눈을 반짝이는 이들, 비전이 품은 희망을 듣고 귀를 세우는 이들을 찾는다. 리더가 제시한 비전에 공명하는 이들은 과거 경험으로 인해 상처를 입었을지라도, 다시금 희망의 첫걸음을 조심스럽게 뗄 준비가 되어 있다.

랍비 카프는 자신의 진심을 말하는 과정에서 공명을 탐색했다. 그는 사람들이 자신의 이야기를 통해 소명을 떠올리며 눈을 반짝거리기를 기다렸다. 그리고 일선 현장 종사자들과 함께 시작하자는 발상에 힘을 얻은 것처럼 보이는 이들을 눈여겨보았다. 힘을 얻은 의료인, 만족스러워하는 환자, 변혁된 일터 사이의 관계들을 이해한 이들에게 주목했다. 그는 자신의 비전이 자라날 옥토를 찾으면서, 자신의 비전을 함께 할 이들을 기다렸다.

톰 헨리는 랜드리 자전거 안에서 미국에서 최고의 자전거 가게를 향한 자신의 비전에 공명하는 이들을 눈을 크게 뜨고 지켜보았다. 회사 외부의 사람들 중에서는 독립적인 자전거 가게들의 연합체를 향한 자신의 비전을 함께 만들어갈 이들을 찾았다. 그는 시장 점유율을 높이기 위해 함께 영향력을 행사하고 뭉침치는 일에 열심을 쏟을 수 있는 이들의 이야기를 들을 준비가 되어 있었다. 그는 매사추세츠주의 자전거 이용환경 개선을 위한 모임인 매스바이크MassBike를 확장하고자 하는 자전거 이용자들의 열정을 볼 수 있는 눈이 있었다.

메드리스 콜루치오는 그녀의 진심을 듣고 활짝 웃는 얼굴이 된 이들, 귀를 쫑긋 세운 이들에게 주목했다. 메드리스에게는 자신의 소명을 실현할 수 있는 적절한 기반을 발견할 수 있는 눈이 있었다. 메드리스는 계속 자신의 비전과 공명하는 이들을 탐색했다. 거의 200회에 가까운 면접 끝에, 성 요한 의료원과 피스헬스에서 일하는 많은 이들이 자신과 비전을 공유하고 있다는 것을 확신한 그녀는 자리를 수락했다.

동반자 관계 요청하기

진심을 이야기하고 이에 반응하는 이들을 탐색했다면, 동반자 관계를 요청할 준비가 된 것이다. 리더는 마음이 이끄는 곳으로 가기 위해서는 다른 이들이 필요하다는 것을 이해하는 사람이며, 혼자 모든 것을 해야 한다고 생각하는 사고방식에 맞설 수 있는 사람이다. 동시에 자신의 모든 문제를 스스로 해결해야 한다는, 다른 이들의 지원에 의지할 필요가 없어야 한다는 문화적 기대에 부딪힐 수 있음을 아는 이들이다. 동반자를 모으는 것은 나약함으로 비춰질 수 있다. 그럼에도 다른 이들을 초대하여 함께 가고자 하는 이들이 바로 리더이다.

메드리스 콜루치오는 CEO 역할을 맡게 되자마자, 사람들을 동반자로 초대하기 시작했다. 병원의 건강하지 못한 상태를 바꾸기 위해서는 강력한 팀이 필요했다. 메드리스는 취임 초기 본인의 사무실을 "백악관"이라는 별명으로 불린 별도의 행정건물에서 병원 본관으로 옮김으로써 동반자 관계에 대한 자신의 진심을 보여주었다. 그리하여 그녀는 성 요한 의료원의 전 직원과 거리를 좁혔고, 그들의 고군분투에 더욱 귀를 기울일 수 있었다. 취임 후 얼마 지나지 않아 메드리스는 자신을 증명해야만 했다. 사기가 떨어진 상황에서, 신뢰는 쉽게 찾아오지 않았다. 직원들에게 그녀의 비전이 얼마나 진실된 것인지, 그녀가 얼마나 다른 이들을 필요로 하는지를 보여줘야만 했다. 본래 간호사였던 메드리스는 자신이 받았던 훈련과 체험 덕분에 직원들이 가진 불만을 바로 알 수 있었다. 그녀는 날마다 일선 현장에서 의료인들과 함께 시간을 보냈으며, 점차 직원들의 존경과 신뢰를 얻어갔다.

메드리스는 가능한 한 많은 사람을 자신과 함께할 동반자로 초대하면서 사명에 기반한 전략기획 과정에 착수했다. 그녀는 다음의 세 가지 질문으로 시작했다.

- ◆ 무엇이 효과적인가?
- ◆ 무엇이 효과적이지 않은가?
- ◆ 당장 뭔가를 이룰 수 있는 능력이 생긴다면, 어떤 일이 이루어지길 원하는가?

CEO 역할을 맡은 지 얼마 되지 않아, 메드리스는 전략기획을 위한 팀, 즉 병원의 미래를 위해 함께할 강력한 파트너들을 모았다. 그리고 이 파트너들이 모은 정보를 활용하여 소명에 기반한 전략기획을 구성하기 시작했다. 이 파트너들은 병원 직원, 의사, 이사회 구성원이었기 때문에, 이들을 통해 모든 집단의 의견을 들을 수 있었다.

이들은 한 팀이 되어 "우리가 지금보다 더 나아질 수 있을까?" 하는 질문을 하기 시작했다. 이 질문을 시작으로 성공적인 전략기획을 위한 지표를 세우기 시작했는데, 이는 다음과 같다.

- ◆ 믿을만하고 실천할 수 있는 계획 세우기
- ◆ 지역사회의 내적, 외적 필요를 만족시키기
- ◆ 일터에서의 자부심을 창조하기
- ◆ 지역 보건의료를 위한 기준 역할이 되기
- ◆ 효율적으로 실행 가능한 것을 하기

이 지표를 기반으로 팀은 4단계의 계획 과정을 분명히 했다. 첫째로, 그들은 미래의 성 요한 의료원이 어떤 상태이길 바라는지 묘사했다. 이를 통해 자신들이 가고자 하는 곳이 어디인지를 명료히 하기 위해 사명과 비전을 분명히 밝혀야 할 필요가 있음을 깨닫고, 조직의 사명과 비전 선언문을 만들었다.

피스헬스 사명 선언문

우리는 개인과 지역사회의 건강을 증진시키고, 고통과 고난을 경감시키며, 각 사람을 사랑하고 돌보는 예수 그리스도의 치유 사역을 이어갑니다.

그런 뒤 그들은 자신들의 특정 지역을 위한 비전을 선언했다.

지역 비전 선언문

우리는 모든 생명은 귀중하다는 믿음을 바탕으로 인정받은 우수성과 기술적 전문성을 가지고, 이웃을 향한 사랑, 로워 콜롬비아 지역을 섬기는 보건 의료 사역을 실천합니다.

이 두 가지 진술서는 함께 팀이 바라는 미래 상태를 상상하는 데 필요한 다림줄을 제공했다.

둘째로, 디자인 팀은 자신들이 바라는 미래 상태에 이르려면 얼마나 멀리 가야만 하는지를 가늠하기 위해 기관의 현재 상태를 묘사해야 할 필요를 인식했다. 그들은 현재의 몰입 정도를 조사하고, 조직과 시장에서 당면한 장애물을 확인하고, 내부적이고 외부적인 한계를 검토했다.

셋째로, 팀은 자신들이 있었던 자리에서 가 있기를 원하는 자리로 이동할 수 있는 역량을 평가했다. 이를 해내기 위해, 디자인 팀은 사명과 비전 진술서를 환자 진료, 리더십 개발, 시설 개선, 직원 자부심과 성실도 같은 병원 업무 분야에서의 구체적인 목표로 옮겼다. 명료해진 구체적 목표들과 더불어, 팀은 목표를 성취하는 데 필요한 자원과 역량을 따져보았다.

넷째로, 팀은 점진적인 기본 계획을 발전시켰다. 그들은 5년의 기간에 열 가지의 전략적인 시작계획으로 조직화한 활동들을 차례대로 채워 넣으면서, 이미 완수된 활동들을 검토하고 목표를 달성할 새로운 활동들을 시작했다.

2002년 가을에 이사회가 전략기획을 채택하기까지, 강력한 동반자 관계는 이미 형성되어 있었고, 새로운 방향을 향한 열의가 널리 퍼져 있었다.

이후로 진짜 일이 시작되었다. 5년 안에 상황이 호전되기 위해서는, 사람들이 책임 있게 참여해야만 했다. 메드리스는 보다 전통적인 리더들에 더해 주임 간호사, 의사, 병원을 설립한 종교 공동체가 파견한 수녀 한 사람씩을 선임하여 아홉 가지 전략적 시작계획의 각각을 '수호하는' 각색의 동반자로 초대했다. 색다른 '수호자들'을 동반자로 초대함으로써, 콜루치오는 각각의 시작계획이 누려야 할 시간, 에너지, 열의를 확실히 얻게끔 해주었다. 더욱이, '수호하는 일'에 상당한 작업이 필요하다는 인식 가운데, 콜루치오는 전략적인 시작계획 작업에 사용할 여유를 만들어주기 위해 각 수호자의 업무량을 줄였다.

동반자 관계를 요청함으로써, 메드리스는 사역에 기반한 전략기획을 수립하고 강력한 실행팀을 만들어내는 데 성공했다. 병든 병원이 회복을 향한 길 위에 있었다.

톰 헨리는 랜드리 자전거의 안팎에서 자신의 비전에 공명하는 이들을 발견하자마자, 동반자 관계를 요청했다. 먼저, 그는 회사가 내부적으로 발휘할 수 있는 역량을 모두 펼치고 제 사명을 성취하는 데 도움이 될 사내의 동반자들을 초대했다.

예를 들어 랜드리 자전거와 같은 가족사업체에서 일하는 공동소유주들은, 자기 가족과 함께 근무하기에 찾아오는 온갖 축복과 저주에 휘말리게 된다. 근무시간의 90% 동안은 함께 일하는 데 큰 문제가 없었지만, 경영진은 각자 서로를 성나게 하는 일이 패턴처럼 반복되는 나머지 10%의 시간 때문에 애를 먹었다. 더 나은 동반자가 되기 위해, 경영진은 저 10%의 구멍을 극복할 수 있도록 함께 일하는 데 몰입했다. 그들은 직원 75명이 함께하는 회사 안에서 다른 팀들에게 최선을 기대한다면 경영진은 어떤 최선의 모습이 될 수 있을지 보여주어야만 함을 깨달았다. 또 다른 (가족이 아닌) 구성원과 동반자가 됨으로써, 그를 경영진에 더하고 철저히 자기를 인식하게 된 경영진은 서로의 재능을 소중하게 생각하고, 자기 재능의 그늘진 면을 바라보며, 겸손과 고백을 실천하는 법을 배워나갔다. 예를 들면, 전 사원이 참여하는 중요한 회의에 톰이 10분 정도 늦게 도착했을 때, 가족이 아닌 새로운 경영진 구성원은 지각에 대해 따졌다. 톰은 모인 회의 참석자들에게 사과했고 자신의 습관을 바꾸는 일에 몰입했다.

10%의 구멍을 메우기 위해 힘든 일로 가득 찬 한 해를 보내게 되었지만, 연말에 이르러 경영진은 모든 일이 노력할만한 가치가 있었음을 깨달았다. 각자 서로를 성나게 하고 에너지를 떨어뜨려 몰입을 약화하는 억울함을 쌓아 올리기보다도, 팀은 더 빠르게 동료의 기분을 의식하여 덜 자주 성나게 하는 법을 배워나갔다! 중요한 변화는, 누군가가 다른 이를 성나게 하면, 고백과 용서가 빠르게 뒤따르게 되었다는 것이다. 바깥에서 온 동반자를 초대함으로써, 가족사업체 소유주들은 각자 서로에게 더 나은 동반자가 되어주는 방법을 배웠다.

그들이 경영진을 두고 체험했던 성공 덕분에, 톰은 또 다른 동반자를 초대했는데, 이번에는 자신이 시잉띵스홀Seeing Things Whole(234쪽을 보시오)을 통해 만난 인적자원 전문가로, 전 직원을 위한 가치기반 리더십 훈련을 받기 위해서였다. 그는 경영진이 배웠던 것과 똑같은 종류의 훈련을 회사 전체 팀이 받기를 바랐다.

계절을 타는 소매업으로서는 특이한 점이 있는데, 랜드리 자전거는 계절과 상관없이 지속적으로 직원을 채용하고 훈련한다. 수익이 저조한 겨울 몇 달간, 회사는 리더십 훈련을 통해 직원에게 투자한다. 훈련의 70%는 역할극, 다른 직원과의 실시간 상호작용, 자기 인식이 가능해지도록 설계된 실습을 비롯한 실천 활동들로 구성된다. 자기주장과 비전이 판매원의 성공에 이바지하긴 하지만, 그 특성들의 그늘진 면은 종종 다른 이들에게 귀를 기울이지 못하는 무능함과 고객(또는 동료 직원)의 필요에 대한 무감각으로 나타난다. 인적자원 동반자의 리더십 훈련에는 직원들이 자신과 다른 이들의 재능을 보도록 도와주는 일과 그들이 그 재능들의 그늘진 면을 식별하도록 도와주는 일이 포함되어 있었다. 팀에 주어진 빛나는 별과 같은 재능들을 인식함으로써, 직원들은 더 강력한 동반자 관계를 형성하며 각자 서로를 전체에 필수적인 인력으로 귀중히 여기게 되었다. 또한 자기 재능의 그늘진 면에 발이 걸려 넘어지고 각자 서로를 성나게 할 때마다 겸손과 고백이 필요함을 이해하게 되었다.

둘째로, 효과적인 사내 동반자 관계 형성에 도움이 되도록 바깥의 동반자들을 초대하는 것은 물론, 톰은 이 방식을 더 장려했다. 그는 교육과 옹호 활동으로 매사추세츠주에서 자전거를 이용하는 공중의 이익 증진에 앞장서는 매사추세츠 자전거 연합(매스바이크)의 확장을 위해 연합 조직 외의 사람들에게 동반자 관계를 요청했다. 먼저 자신이 3년간 매스바이크의 회장으로 봉사했고, 주내 자전거 이용환경을 개선하기 위해 조직의 다른 사람들과 함께 일했다. 다른 자전거 이용자들과 자전거 타기 모임들이 가세하면서, 톰과 매스바이크는 지하철 내 자전거 반입 허용 시간 연장 및 학생들을 위한 안전한 자전거 등하굣길 만들기와 같은 목표들을 달성해냈다.

또한 톰은 2001년에 워싱턴 D.C.에서 창립되어 연마다 개최되는 전미자전거대표자회의의National Bike Summit를 강화하는 데 도움이 되도록 동반자들을 초대했는데, 전미자전거대표자회의는 자전거 관련 이슈들을 두고 입법자들에게 로비활동을 한다. 미국자전거이용자연맹the League of American Bicyclists의 후원을 받는 자전거대표자회의에서, 자전거 이용자들과 업계 대표자들은 자전거 이용에 영향을 미치는 입법을 다루는 발표에 참여할 수 있다. 또한 입법자들에게 로비활동을 하고, 미국의 자전거 이용환경 개선을 도왔던 정부 공무원들을 알아갈 기회를 얻을 수 있다. 예를 들어, 2005년에 존 케리John Kerry 상원의원은 전미자전거옹호활동상the National Bicycle Advocacy award을 수여 받으면서, 어린 시절부터 자전거를 열렬하게 애호해 온 사람으로서 그 수상이 얼마나 영광스럽게 느껴지는지 이야기했다.

그뿐만 아니라 "시잉띵스홀"의 창립 구성원이 됨으로써, 톰은 가치와 사업의 통합에 몰입하는 다른 이들과 동반자 관계를 형성했다. 딕 브로홈Dick Broholm과 데이빗 스펙트David Specht가 만든 모델이자 과정으로서, 시잉띵스홀은 신앙과 조직 생활을 연결한다. 그리스도교적인 뿌리에서 출발한 시잉띵스홀은 모든 종교 전통에서 유래한 지혜 또한 포괄하려 시도한다. 시잉띵스홀은 한 해에 여러 차례 보스턴 지역에서 모이는 네다섯 조직의 대표자들로 구성된 정기적인 원탁회의를 후원한다. 각 원탁회의에서, 하나의 구성원 조직은 현재 마주하고 있는 도전을 소개하고, 훈련받은 조력자facilitator가 인도하는 모임은 그 도전을 이해하기 쉽게 밝혀내는 데 도움을 주기 위해 시잉띵스홀 모델 및 과정을 활용한다. 톰은 씨잉띵스홀이 회사와 함께하는 동반자가 되도록 원탁회의 구성원들을 임시이사로 초대했다. 그는 수년간 시잉띵스홀이 사실상 회사의 이사회 역할을 유지하도록 해왔으며, 회사가 자사의 가치와 사명을 참으로 계속 지켜나가도록 도왔다.

동반자 관계는 이제 랜드리 자전거에서의 생활 방식이 되었다. 네 곳의 자전거 소매점과 웹사이트에 눈에 잘 띄게끔 전시된 회사의 핵심 가치는 아래와 같이 직원, 다른 자전거 이용자, 시잉띵스홀 네트워크, 그리고 세계와 함께하는 동반자 관계를 선언한다.

랜드리 자전거에서 우리가 하는 모든 일을 좌우하는 핵심 가치는 아래를 포함합니다.

◆ 우리의 모든 고객을 귀빈으로 대우하기
◆ 자전거 타기의 보다 넓은 영역과 이어지기
◆ 우리의 일을 통해 세상을 더 나은 곳으로 만들어가기
◆ 우리 사람들의 우수함을 기리기
◆ 팀워크, 열린 의사소통, 정직성, 신뢰를 조성하기
◆ 똑똑하게 위험을 감수하기
◆ 우리가 일하는 방법을 끊임없이 개선해나가기

우리는 신앙과 조직 생활의 교차점 이해를 추구하는 전문가 네트워크인 시잉띵스홀의 창립 구성원입니다.[2]

동반자 관계를 요청함으로써, 톰 헨리는 랜드리 자전거가 자사의 가치에 계속 기초해 있을 수 있도록 하는 힘과 지침을 얻은 동시에, 영혼과 더불어 이끌어가는 길을 선택했다.

메드리스 콜루치오 및 톰 헨리와 마찬가지로, 랍비 사무엘 카프는 전

---

1 랜드리 자전거의 핵심 가치와 다른 정보를 알아보려면, www.Landrys.com을 보라.

략적인 동반자 관계에 대해 특별한 재능이 있는 사람이다. 랍비 카프는 텍사스대학교the University of Texas 공공보건대학School of Public Health 연구원 벤자민 아믹 박사Dr. Benjamin Amick에게 성소 프로그램의 공동 창설을 도와주길 청하면서, 그를 자신과 함께할 동반자로 초대했다. 랍비 카프는 불가능해 보이는 일도 함께 하면 가능해진다는 것을 알고 있었다. 두 사람 각각은 다른 네트워크 안에서 일했고, 프로젝트에 각자 다른 기술을 제공해주었다. 벤 자민은 동반자 관계에 합류하기로 동의했고, 그들은 힘을 합쳐 자신들과 함께하도록 다른 동반자들을 초대했다. 그들은 제휴 관계가 가져다줄 상호 이익을 강조하면서, 텍사스대학교 의과대학의 맥거번 건강·인간·영혼 연구센터McGovern Center for Health, Humanities, and the Human Spirit가 동반자로서 센터의 보호 아래 프로그램을 맡아주기를 부탁했다. 맥거번센터는 동의했고, 현재 맥거번센터 선임연구원으로 지명된 랍비 카프는 센터의 후원을 받아 성소에 대한 대중 강연을 자주 제공한다.

랍비 카프는 휴스턴의 성 루가 성공회 병원St. Luke's Episcopal Hospital의 일선 의료인들을 위한 시험적 성소 프로그램을 설계하는 일 가운데 자신과 함께 일할 것을 그곳의 리더십에 요청하면서 다른 이들을 본인과 함께할 동반자로 초대했다. 리더들이 동의하자, 랍비 카프는 일선 의료인들을 자신과 함께할 동반자로, 병원 리더들을 시험적 프로그램을 설계하는 역할로 초대했다.

세 단계로 구성된 성소 프로그램은 본인의 일을 성소로 인식하게 된 직원 여덟 명에서 열두 명이 모인 작은 모임들과 더불어 시작되었다. 90분짜리 수업 다섯 번 동안, 직원들은 무엇이 자신들을 보건의료로 이끌었는지, 본인의 일이 어떻게 본인의 영성과 연결되어 있는지, 소명을 어떻게 이해하고 있는지에 관한 이야기를 나눈다. 랍비 카프는 기성 종교와 관련된 형태들과 특정한 종교적 관련성이 없는 형태들 모두를 비롯해, 모임 안에서 나타난 모든 형태의 영성에 대한 긍정의 중요성을 강조한다. 실습 가운데 하나로 참가자들은 자신의 부고를 쓰는 경험을 한다. 이는 자신이 무엇으로 기억되고 싶은지를 두고 성찰하도록 돕는다. 성소 프로그램의 참여자들은 상황 역할극을 하고 대응 요령을 브레인스토밍하면서, 자신들이 치유자가 되는 것을 막았던 장애물에 관해 이야기를 나눈다. 프로그램의 첫 번째 단계가 끝날 때, 모임은 프로그램 수료식에서 공표되는 성소 서약Sacred Vocation Oath을 작성한다. 일례로, 최근의 환자 진료 기술자 모임은 성장을 통해 아래와 같은 서약을 내어놓았다.

나는

- ◆ 모두에게 이로운 결과를 위해 애쓸 것입니다.
- ◆ 불안해하고 무서워하는 환자를 위로해줄 것입니다.
- ◆ 내가 하는 모든 일에 있어 마음을 써 배려할 것입니다.
- ◆ 모든 환자를 존중하고 존엄하게 예우할 것입니다.
- ◆ 환자를 신체적으로, 감정적으로, 영적으로 치유할 것입니다.
- ◆ 환자와 그 가족에게 귀를 기울이고 희망을 줄 것입니다.
- ◆ 위로를 주고 안심시키는 방식으로 말할 것입니다.

누구도 나의 치유하는 능력을 앗아갈 수 없습니다.

성소 프로그램의 두 번째 단계는 일터를 개선하는 데 주력한다. 랍비 카프의 동반자 벤자민 아믹은 시험적 프로그램에서 경영진을 일선 의료인들의 필요에 응답하는 동반자가 되도록 초대했고, 경영진은 그에 동의했다. 60분짜리 소모임 수업 다섯 번 동안, 직원들은 경영진이 빚어낼 수 있는 변화가 직장에서 자신의 성소를 살아내기에 더 나은 환경을 만들어낼 것인지 숙고해본다. 원활한 실행에 관한 연구 과정을 거쳐, 각자 다른 부서에서 온 대표자들은 실행 방안을 수립하여 경영진에 제출했다. "최소 비용", "적정 비용", "고비용" 범주로 나뉜 이 권고들은 각 권고의 성과가 어떻게 측정될 수 있을지에 대한 분명한 설명을 함께 제시했다. 일례로, 최근의 한 성소 프로그램에서는 공인간호조무사 모임이 경영진에 스물일곱 가지의 권고를 제안했고, 그중 스물네 가지가 시행되었다. 결과적으로, 공인간호조무사 사이에서 사기가 치솟았고, 환자 만족도는 극적으로 증대되었다.

세 번째 단계는 계속 시행 중인 사안에 초점을 맞춘다. 조직의 필요에 맞추어 세부 사항을 조정하면서, 성소 프로그램이 기존의 조직 생활에 통합되는 것을 돕기 위해 벤 아믹은 직원들 및 경영진과 동반자가 된다.

성 루가 성공회 병원에서의 시험적 프로젝트가 완료된 직후 예산 삭감이 강제되어 프로그램이 끝나게 되자, 랍비 카프는 만류에 굴하지 않고 자신과 함께 성소 프로그램에 자금을 마련할 동반자로 성공회 자선단체 Episcopal Charities를 초대했다. 성공회 자선단체는 초대를 수락했고 이제는 휴스턴의 저소득층 환자를 위한 진료소 두 곳에서의 성소 프로그램을 도와 자금을 제공하고 있다.

현재 6년 차에 접어든 성소 프로그램의 동반자 관계는 아래와 같은 사명 진술서로 분명하게 표현된다.

성소 프로그램은 성 루가 성공회 건강 자선단체St. Luke's Episcopal Health Charities와 텍사스대학교 휴스턴 보건과학원the University of Texas Health Science Center Houston의 공동 작업물입니다. 이 공동 작업은 개인이 자신의 직장 내에서, 그리고 직장을 통해 의미를 체험하도록 도움으로써 진료와 서비스의 질을 높이고 건강 분야, 인적 서비스, 여타의 비영리 조직에서 유익하고 항구적인 변화를 창조하려 시도합니다.

휴스턴의 저소득층 환자를 위한 진료소인 산호세 진료소에서는, 두 팀이 훈련을 완료했다. 일선 현장에서 종사하는 환자 진료 보조원들로 구성된 첫 번째 팀은 훈련이 무척 유익하다고 생각하여 관리자들에게 참여를 권했다. 실행 이사를 비롯한 관리자들은 조언을 받아들였고, 훈련이 변혁적임을 깨닫게 되었다. 그들은 프로그램이 관계를 강화했다는 사실을 발견했고, 진료소의 실행 이사 스테이시 코키노스Stacie Cokinos에 따르면, 프로그램은 "나날의 운영 가운데 엄청난 차이를 빚어냈다."

랍비 카프는 영성과 치유에 관한 주제들을 의대생 훈련의 필수 요소로 채택한 텍사스대학교 의료원의 의과대학과도 동반자가 되었다. 그 의과대학에서, 교수진은 치유 여부가 의료기술을 적용하는 의사의 능력뿐만 아니라, 의사와 환자 사이의 관계에 의해서도 결정됨을 인정한다.

가장 최근에는, 댈러스에 자리한 베일러대학교 의료원Baylor University

Medical Center이 성소 프로그램의 동반자로 등록했다. 참여자에는 145명이 넘는 환자 진료 기술자와 보조원이 포함되어 있다. 베일러대학교 의료원 소식지는 기사, 사진, 수료자 소감 인용을 대문짝만하게 곁들여서 모임을 특집으로 다루었고, 다른 직원들은 프로그램에 참여하도록 초대를 받았다. 프로그램은 직원 사기와 환자 만족도를 개선하는 데 있어 효과적인 것으로 드러났다. "성소 프로그램은 아마도 지난 십여 년 동안 우리가 가장 잘한 투자일 겁니다." 베일러대학교 의료원 CEO 존 맥워터John McWhorter의 말이다.[2]

전략적으로 다른 사람들을 자신과 함께할 동반자로 초대함으로써, 랍비 사무엘 카프는 영혼과 더불어 이끌어가는 길을 선택했다. 사무엘 카프의 리더십에 힘입어, 6년이 넘도록 성소 프로그램의 동반자 관계는 기관 여섯 곳 및 수없이 많은 의료인과 환자의 영혼들을 풍요롭게 하면서, 개별 의료인과 그들이 일하는 기관이 자신의 성소를 되찾도록 도와주었다.

결론

메드리스 콜루치오, 톰 헨리, 랍비 사무엘 카프는 모두 영혼과 더불어 이끌어가는 길을 선택하도록 도와줄 동반자를 발견했다. 신앙이 깊었던 세 사람 모두는 굳건한 내적인 삶이 성공적인 외부적 결과를 위한 기초를 제공해준다는 확신을 공유했다. 그들은 뿌리가 필요로 하는 영양분을 받지 못하면, 결국 가지가 시듦을 안다. 그들은 자신의 가치가 차이를 빚어낼 수 있음을 알고 있었다. 개별 직원의 생활 가운데에서, 고객과 환자의

---

2 성소 프로그램의 웹사이트, www.uth.tmc.edu/hhhs/sacredvocation/current.html을 보라.

생활 가운데에서, 조직 내에서의 생활 가운데에서 말이다.

동시에, 그들은 영혼에 기반한 리더십을 향한 새로운 길을 혼자서는 열 수 없다는 확신도 공유했다. 그들은 동반자에 대한 자신의 필요를 나약함의 징후로 해석할 이들의 업신여김을 본인이 감수하면서, 혼자 힘으로 해내라는 식의 리더십 모델에 맞서야만 함을 알고 있었다. 영혼들이 잘 살아가기 위해서는 각자가 서로에게 필요하다고 가르치는 영적 전통들의 지혜와 일치해야만 함을 알고 있었다. 동반자를 구함으로써, 그들은 자신의 영혼에서 출발해 이끌어가기를 갈망하는 이들의 공동체, 그 안에서는 영혼이 충만한 리더가 이상한 사람이 아닌 공동체, 영혼과 더불어 이끌어가는 일을 당연한 이끌어가기 방식으로 보는 공동체를 만들어내기 시작했다. 진심을 말하고, 공명을 탐색하고, 동반자 관계를 요청함으로써, 그들은 조직에 변혁을, 그리고 거기서 일하는 개개인에게 삶의 온전성을 가져다주는 일을 시작하기 위해 자신들이 필요로 했던 동반자를 찾았다.

물음들

1. 동반자를 찾는 과정에서 어떻게 나의 진심을 말했나요?

2. 나의 진심을 들은 사람들 사이에서 일어나는 공명을 어떻게 탐색했나요?

3. 동반자 관계를 어떻게 요청했나요?

4. 진심을 말하고 동반자의 필요성을 인정했을 때, 내부와 외부 모두에서 직면했던 저항은 무엇이었나요?

03

담대히 꿈꾸기

2000년, 이집트 아스완 주의 보건의료 상황은 암울했다. 산모 사망이 흔히 일어났고, 신생아 1,000명 중 27명이 1년을 넘기지 못하고 사망했다. 이집트의 많은 지역이 보건의료 분야에서 놀라운 진전을 이루었지만, 지역 대부분이 낙후된 아스완은 예외였다. 지역 내 보건의료 종사자들에게 의욕 저하, 소극성, 몰입 부족은 피할 수 없는 일이었다. 그들은 실의에 빠지고 낙담한 채, 상황이 좋아질 수 있으리라는 희망도 상실했다.

상이집트Upper Egypt 지역의 인구 및 가정 계획 프로젝트 담당자 모르시 만수르Morsi Mansour 박사는 아스완 주에 자신의 마음을 쏟았다. 그는 이 지역의 긴급한 요구를 해결하기 위해 새로운 리더십 프로그램을 만들기로 했다. 그리고 미국 비영리조직 매니지먼트 사이언스 포 헬스Management Sciences for Health의 조안 브라가Joan Bragar 박사와 동반자 관계를 형성했다. 이후 그에게 필요한 것은 무엇이었을까?

만수르 박사는 자신이 희망을 놓지 않아야 함을 알고 있었다. 오랜 시간 동안 절망과 낙담이 지역 의료인들의 에너지를 갉아 먹어왔다. 이런 상황에서는 프로그램을 시작하거나 유용한 기술적 도움을 제공하기에 앞서 무엇보다도 먼저 가능성을 믿어야만 했다.

담대히 꿈꾸는 것은 영혼에 기반한 리더십을 위해 필요한 부분이다. 마음 따르기와 동반자 찾기처럼, 담대히 꿈꾸기가 늘 쉽지만은 않다. 기쁨과 승리감만큼이나 스트레스와 압박감이 수반된다. 이 장에서는 담대히 꿈꾸기의 세 원칙인 있는 그대로 가늠하기, 마음의 희망 찾기, 꿈꾸기를 고찰할 것이다. 그 원칙들을 살아낸 리더들인 모르시 만수르, 록밴드 U2의 디 에지The Edge, 2장에서 소개된 성 요한 의료원의 CEO 메드리스 콜루치오의 사례를 통해 담대히 꿈꾸기의 결과를 살펴보자.

있는 그대로 가늠하기

담대히 꿈꾸기 위해서, 리더는 있는 당면한 현실을 그대로 가늠해보아야 한다. 많은 사람이 현실을 꿈의 적으로 생각하지만, 사실 진짜 꿈은 냉정한 현실 위에서 꾸는 것이다. 꿈을 꾸는 것이 현실과 맞지 않는다고 생각하는 이 시대에서, 리더는 꿈을 꾸기 위해 외부적인 현실을 출발점으로 고려해야만 한다.

모르시 만수르는 현실을 가늠해보는 것으로 시작했다. 현실적인데다 움츠리지 않는 성격의 모르시는 당면한 상황을 검토했다. 낮은 의욕, 소극성, 낙담이 최악의 보건의료라는 상황을 만들어내고 있었다. 그는 현실을 천천히 살펴보았다. 세계적으로 많은 기부자들이 자금을 지원하여 많은 훈련 프로그램을 진행했지만(심지어 한 프로그램은 70일 동안이나 지속되었다!), 의료인의 능률은 전혀 개선되지 않은 상태였다. 일방적으로 의료인들에게 오로지 기술적 숙련만을 제공하는 훈련 프로그램이 효과를 보지 못했음을 확인한 모르시는 다른 방법을 찾기 시작했다.

록밴드 U2의 리드 기타리스트 디 에지는 재즈의 발상지이자 오랫동안 위대한 음악가의 인큐베이터였던 뉴올리언스에 허리케인 카트리나가 끼친 피해를 가늠해보았다. 음악가들이 뿔뿔이 흩어지고 악기들이 파괴되면서, 뉴올리언스의 음악계는 그야말로 박살이 났다. 본인의 밴드와 떨어지고 집을 잃은 음악가들, 손상된 악기와 음향 시설, 무너진 공연장으로 인해 뉴올리언스 음악계가 얼마나 큰 피해를 입었는지 알 수 있었다. 이제 뉴올리언스 재즈와 이곳에서 시작된 다른 음악들은 죽은 것일까? 디 에지는 뉴올리언스가 세계 음악계에서 수행해온 중요한 역할을 숙고했다.

뉴올리언스는 음악이 음악 산업에 국한되지 않고 사회 기본 구조의 한 부분으로 자리 집은 곳입니다. 음악이 삶에 녹아든 곳, 할아버지가 손주에게, 형이 동생에게 악기를 가르쳐주는 것이 자연스러운, 마치 도시 전체가 하나의 거대한 음악 아카데미와 같은 곳입니다. 수많은 전통이 자유로운 형식을 통해 표현되는 곳입니다. 그래서 이곳의 음악은 전통을 담은 진짜 생활음악입니다. 이곳은 음악계에 오랜 시간 엄청난 영향력을 미쳤고, 특히 재즈의 발상지가 되었어요. 재즈를 시작으로 리듬 앤 블루스와 펑크, 로큰롤부터 모든 리드미컬한 음악, 특히 스윙과 댄스음악까지 생겨났습니다. 진정 이곳은 음악이 시작된 곳이라 해도 과언이 아닙니다. … 뉴올리언스의 오랜 정체성, 세계문화에 대한 오랜 공헌을 기억해야합니다. 그렇기에 유네스코UNESCO는 뉴올리언스에 주목해야 합니다.

디 에지는 뉴올리언스가 세계 음악계에 이바지해 온 모든 것이 휩쓸려 나갈 비극적인 가능성을 고려했다. 디 에지는 현실을 가늠해보았고 무엇이 이루어질 수 있을지 생각해보았다.

메드리스 콜루치오는 병든 병원의 활력징후를 가늠해보았다. 성 요한 의료원을 진찰한 그녀는 자신의 환자가 얼만큼 병들었는지 알아냈다. 냉혹한 실상을 통해 그녀는 병원의 암울한 전망을 온전히 이해했다. 직원들의 낮은 사기, 황폐한 재정, 수년간 최악이었던 환자 만족도로 인해 병원은 죽음의 문턱에서 오락가락하고 있었다. 메드리스는 현실을 가늠했고 자신이 어떤 도움을 주기 위해 부름을 받았는지 알아차리기 시작했다.

마음의 희망 찾기

영혼이 충만한 리더는 현실을 가늠해본 후, 마음의 희망을 찾는다. 암담한 상황에서 희망을 주장하는 일은 대담한 용기를 필요로 하며, 인간의 눈으로 보는 것과는 다른, 현실에 대한 깊은 믿음을 요구한다. 마음의 희망을 찾는 것은 동반자 관계에 의지하는 일과 영혼과 더불어 이끌어가는 것이 시대와 어울리지 않는 일이 아니라 오히려 마땅히 그래야 하는 일이라는 사실을 상기시킨다.

메드리스 콜루치오는 면접을 진행하는 동안, 마음을 나눈 이들의 빛나는 눈에서 마음의 희망을 찾았다. 기획을 만드는 동안 동료들에게 귀를 기울이며 마음의 희망을 찾았다. 평화의 성 요셉 자매회를 알아감으로써, 그들이 분명하게 표현하는 보건의료 사역에 대한 소명감, 사명, 설립 이야기를 들음으로써 마음의 희망을 찾았다. 본인의 믿음, 자매회의 믿음에 공명하고 하느님께서 자매회가 하는 일에 함께해오셨듯이 꼭 그렇게 본인의 일 가운데 본인과 함께하시리라고 말해주는 가톨릭 신앙 안에서 마음의 희망을 찾았다.

디 에지는 뉴올리언스의 음악을 추억함으로써, 그곳 음악가들의 힘과 창조성에 고무됨으로써 마음의 희망을 찾았다. 재즈와 블루스라는 음악 장르를 확립하기 위해 오랜 세월 동안 빈곤, 인종주의, 음악적 속물근성 등 수많은 난관을 극복해온 음악가들의 회복력을 통해 마음의 희망을 찾았다. U2 팬들, 국제앰네스티Amnesty International, 그린피스Greenpeace, 아프리카의 에이즈HIV/AIDS 구호 운동과 같은 활동들, U2와 함께 모든 운동에 전심으로 헌신해온 팬들의 마음을 기억함으로써 마음의 희망을 찾았다. 디 에지는 뉴올리언스와 걸프만의 다른 지역들을 순회하며 사람들을 직접 만나고, 참상에 관한 그들의 이야기에 귀를 기울이고, 회복과 갱신을 향한 그들의 희망을 경청하면서 마음의 희망을 찾았다.

모르시 만수르 박사는 보건의료를 향한 본인들의 여정과 본인들이 해야 하는 일을 말하는 의료인을 통해 마음의 희망을 찾았다. 불가능하다고 생각했으나 상황이 180도 바뀌었던 다른 수많은 시기들을 기억하면서 마음의 희망을 찾았다. 자신의 동반자인 조안 브라가 박사의 '임파워링 empowering 리더십 모델'에 대해 배워가면서 마음의 희망을 찾았다. 그는 자신의 이슬람 신앙을 통해 마음의 희망을 찾았다. "신을 믿는 신앙이 있다면, 네 영혼이 신앙으로 충만하다면, 그러면 너는 어디서나 희망을 찾아낼 것이다. 너는 포기하지 않을 것이다. 참아낼 것이다. 장애물들이 있을 것이다. 그러나 너는 암초를 돌아 흐르는 강과 같을 것이다."

꿈꾸기

현실을 가늠하고 마음의 희망을 찾은 뒤, 영혼이 충만한 리더는 담대한 꿈을 꾼다. 희망이 회복된다면, 꿈은 생겨난다. 서서히 사라지기 시작했던 꿈이 삶으로 돌아올 수 있고, 새로운 꿈이 태어날 수 있다. 리더와 동반자들은 동반자 관계가 희망을 강화하고 꿈을 키워감을 발견하면서 함께 꿈꾼다. 그들이 함께 담대한 꿈을 꿀 때, 내적인 희망과 외적인 동반자 관계가 서로를 보완한다.

모두를 위한 보건의료라는 꿈. 모르시 만수르 박사는 새로운 길이 가능할 것이라는 담대한 꿈을 꾸었다. 처음에 아스완 지역 보건 책임자가 이제는 프로그램에 더 돈을 투자하지 않겠다며 리더십 훈련 프로그램을 설립하려는 모르시의 노력을 반대했을 때, 모르시는 포기하지 않았다. 그는 책임자의 불만을 이해하면서, 동시에 자신이 하려는 프로그램이 결과적으로 신뢰롭고 헌신적인 직원을 키워낼 것이라고 약속했다. 여전히 회의적이긴 했지만, 마침내 책임자는 시험적인 단기 프로그램을 승인했다.

앞으로 나아가기 위해 가진 것은 이 마지못한 허가뿐이었지만, 모르시는 의연하게 꿈꾸기를 계속했다. 그뿐만 아니라, 그는 아스완 보건의료 종사자들에게 스스로 어떻게 담대히 꿈꿀 수 있는지를 보여주었다. 모르시는 간호사들, 의사들, 기술자들이 스스로 꿈을 꾸고, 또 그 꿈들을 서로 나누도록 하여, 사람들 안에 오랫동안 잠들어있던, 보건의료가 나아갈 방향에 대한 비전을 일깨웠다. 처음에는 다들 말하기를 주저하긴 했지만, 모르시의 신뢰를 느낀 이들은 점점 마음을 담아 말하기 시작했다. 처음에는 머뭇거리며 소수의 사람들만이 이야기를 나누었지만, 이야기는 점점 모임 전체로 퍼져나갔고, 사람들은 그곳에서 자신들의 꿈, 아스완 지역의 모든 여성이 출산 전 진료를 받게 되리라는 꿈, 모든 갓난아기가 백신을 접종받으리라는 꿈을 쏟아놓았다. 자신들의 꿈에 관해 이야기하는 과정에서 다른 이들도 자신과 비전을 공유한다는 사실을 발견하게 되면서, 그들은 희망하기 시작했다.

모르시와 조안 브라가 박사는 의료인들의 꿈에 기반한 리더십 훈련 프로그램을 만들어내기 시작했다. 북돋아주기empowerment에 중점을 두고 2002년 6월에 시작된 이 1년짜리 프로그램은 세 지역에서 온 의료인 41명을 열 개의 팀으로 나누어 훈련했다. 프로그램을 진행하는 동안 모르시와 조안은 희망의 씨앗을 뿌리면서 계속 꿈꾸도록 격려했다. 그들은 리더십의 '도전 모델', 즉 보건의료 종사자들이 어떻게 자신들의 꿈을 깨달을 수 있을지 함께 생각해보고, 그 꿈에 한 걸음 더 가까이 가도록 해주는 데 도움이 될 간단한 8단계 모델을 소개했다. 참가자들은 본인의 현재 상황을 세심하게 평가할 필요가 있었고, 이를 위해 모르시와 조안은 평가를 위한 지침을 설정하고 이를 바탕으로 상황을 평가할 수 있는 방법을 제시했다. 그리고 이를 바탕으로 현재 상황을 자신이 바라는 모습으로 바꾸어가기 위한 계획을 그들이 만들어낼 수 있도록 도와주었다. 모르시와 조안은 일단 의료인들의 동기와 희망이 회복되면, 자신의 목표에 가닿는 데 필요한 기술적 기량은 그들이 쉽게 숙달한다는 사실을 알고 있었다.

프로그램의 결과는 모두를 놀라게 했다. 프로그램 4개월 차에, 모르시는 이미 간호사들에게 일어난 변화를 느낄 수 있었다. 모임에서 자신감 없는 모습을 보이던 간호사들이 이제는 거리낌 없이 자신의 이야기를 했고, 모임 전면에 나서서 리더 역할도 맡았다. 프로그램이 끝날 무렵 이들은 다른 보건의료 종사자들을 위한 세션들을 이끌어가게 되었다. 이들 중 몇 사람은 카이로의 고위 보건의료 공무원 앞에서 용기를 내어 말을 할 수 있게 되었고, 그들에게 프로그램의 가치를 이해시켰다.

의료인들의 사기는 하늘 높이 치솟았다. 프로그램에서 이들은 상급자에게 지시받는 대신, 처음으로 본인의 도전을 식별하고 자신만의 목표를 설정해볼 수 있었다. 이렇게 주인의식을 가지게 된 보건의료 종사자들은 자신들의 팀에서 목표를 이루고자 노력했다. 첫해에는 전체 팀의 75%가 목표의 95%를 달성했다.

무엇보다도 가장 중요한 것은, 2003년 6월 재정 지원이 끝났을 때, 참가자들이 이렇게 말한 것이었다. "이제 자금 지원은 필요 없습니다. 우리가 할 수 있어요." 참가자들은 아스완 지역의 다른 지구들에서 일하는 보건의료 종사자들을 훈련하는 리더의 역할을 맡기 시작했다. 최초의 열 팀이 각각 새로운 팀을 훈련했고, 훈련받은 새 팀이 또 다른 팀을 훈련했다. 다른 지역에서도 사기가 고취되었고, 보건의료의 질도 개선되었다. 2005년 중반에 이르러 백 개의 팀 이상이 훈련을 완료했고, 훈련 과정에서 일종의 '기수'가 생겨났다. 2005년 9월에는 아스완 지역의 모든 보건의료 시설이 이 프로그램을 알게 되었는데, 목표 시점인 2006년 1월보다 넉 달이나 앞선 것이었다.[1]

2005년이 끝날 무렵, 아스완 지역의 유아 사망률은 12% 감소했고, 산모 사망률은 35% 감소했다. 출산 전 진료와 산후 진료도 극적으로 개선되었다. 앞서 리더십 개발 프로그램의 진행에 비관적이었던 아스완 지역의 보건 책임자는 앞장서서 프로그램을 지지하는 이들 중 하나가 되었다. 프로그램 수료자들은 직장 안팎에서 리더십 개발 프로그램이 참가자들에게 미친 강력한 효과에 대해 말했다. 한 사람은 이렇게 생각을 밝혔다. "저는 프로그램 3기입니다. 1기와 2기 의료인들에게 일어난 결과들을 보고 확신했습니다. 우리의 변화는 일뿐만 아니라 사람 자체의 변화입니다."[2]

가르브 아스완 병원Gharb Aswan Hospital의 초임 간호사인 나그와 이브라임 모하메드Nagwa Ibrahim Mohamed는 이렇게 증언했다. "이 프로그램은 제대로

---

1 "Evaluation Notes: Aswan," *Management Sciences for Health*, September 2005.

2 같은 글.

일하고, 서로 사랑하며 돕는 방법을 우리에게 보여주었습니다."[3]

이 프로그램은 지금도 계속되고 있으며, 성공을 거듭하고 있다. 아스완에서 북돋아주기, 리더십 기술, 꿈꾸기는 효과적인 것으로 입증되었다. 그뿐만 아니라, 세계의 다른 지역들도 아스완 프로젝트를 본보기로 삼았다. 아스완의 리더십 개발 프로그램은 이집트의 다른 지역들과 세계의 개발도상국들을 위한 프로그램의 기준이 되었다.

모르시 만수르는 담대히 꿈꾸었고, 똑같이 담대히 꿈꾸도록 다른 이들을 가르침으로써 아스완 주에서, 심지어는 이집트 전역과 세상의 나머지 지역들에서 보건의료의 변혁을 일으키는 데 도움을 주었다.

뉴올리언스의 음악을 회복시키겠다는 꿈. 디 에지 역시 담대한 꿈을 꾸었다. 그는 뉴올리언스의 음악이 회복될 수 있다고 믿었다. 그는 유명 프로듀서 밥 에즈린Bob Ezrin 및 깁슨 기타Gibson Guitar의 CEO 헨리 저스키위츠Henry Juszkiewicz와 동반자 관계를 형성했다. 자신들의 영향력, 기량, 연락처를 모아 세 사람은 네트워크를 만들기 시작했다. 그들은 경쟁 관계에 있던 음악 산업의 구성원들이 하나의 목표를 위해 함께 뭉치는 것을 꿈꾸었고, 이를 위해 음악가와 악기 제작자를 비롯해 프로모터에 이르기까지 산업에 관련된 모든 이를 초대했다. 서로 비전을 나누면서 조직의 이름을 두고 고심하던 때, 헨리의 홍보 책임자인 캐롤라인 갤러웨이Caroline Galloway가 '뮤직라이징Music Rising'이라는 이름을 제안했다. 이를 듣자마자 디 에지

---

3 "Aswan's Vision: Dream Translated into Action," *Management Sciences for Health* website, www. msh.org/projects/mandl/6.7.html

와 밥은 "바로 그거야!"라고 소리쳤다. 뉴올리언스 주변에서는 그라피티와 티셔츠에 "음표를 따라 뉴올리언스 재건하기"라고 적힌 구호를 볼 수 있었는데, 그들은 거기에 착안해 "음표를 따라 걸프만 재건하기"라는 구호를 채택했다. 빌 캐스카트Bill Cathcart가 로고를 디자인했는데, 펄럭이며 날아오르는 불사조의 날개 사이에 둥지를 튼 음표 모양이었다.

2005년 말에 디 에지는 뉴올리언스와 걸프만의 다른 도시들을 방문해 음악가들과 이야기를 나누면서, 어떻게 하면 음악이 다시 날아오를 수 있을지를 함께 상상했다. 악기가 망가졌거나 악기를 잃어버린 음악가들에게 무엇이 필요한지 알아가는 과정을 거쳐 디 에지는 음악가들이 다시 꿈꿀 수 있기 위해 필요한 것이 무엇인지 고민했다. 결과적으로 뮤직라이징은 자격을 갖춘 각 음악가에게 악기와 필요한 장비를 구매하도록 1,000달러를 지급했다. 게다가, 동반자로 함께하는 비영리단체 뮤직케어스MusiCares가 온라인 악기 판매점 뮤지션스 프렌드Musician's friend와의 특별 협의를 통해 음악가들에게 악기를 도매가로 공급해주기로 했다. 2006년 4월에는 디 에지, 헨리, 밥의 지원으로 뉴올리언스의 프리저베이션 홀Preservation Hall이 재개장했고, 프리저베이션 재즈 밴드the Preservation Jazz Band에게 새 악기들을 선물했다. 다음 날, 디 에지와 뮤직라이징 팀은 로우어 나인스 워드the Lower 9th Ward를 돌아보았다. 그러나 디 에지가 이전에 왔던 때로부터 넉 달이 지났음에도 변한 것이 거의 없다는 데 충격을 받아, 더 많은 구호 노력을 하기로 다짐했다. 그는 지역사회에서 교회들이 감당한 용감한 역할에 감명을 받았는데, 이로 인해 디 에지는 뮤직라이징의 2단계 활동에 카트리나로 음악 관련 영역이 완전히 망가져 버린 교회와 학교를 위한 악기 기증을 포함시켰다.

뮤직라이징은 기부, 경매, 자선 음악회와 기타의 피크가드pickguard를 뉴올리언스와 걸프만의 나무로 만든 특별판 깁슨 기타 판매를 통해 돈을 모았다. 2006년 4월 한 달 내내 열린 온라인 티켓 경매에서는 예술가 60명이 티켓마스터Ticketmaster 및 다른 프로모터들과 함께 일하게 되었다. 팬들은 80개 이상의 음악회 티켓 구입에 입찰했고, 유명 음악가들이 기증한 한정판 사인 깁슨 기타들에도 입찰했다. 예술가들은 뮤직라이징의 활동을 적극적으로 지지했고, 티켓마스터는 수수료 전액을 기부해주었다. 경매는 상당한 기금을 모았고, 이는 상황의 위급함에 관한 인식을 크게 증대시켰다. 2006년 6월, 뮤직라이징은 뉴욕에서 열린 코즈마케팅포럼the Cause Marketing Forum 연례회의에서 영리기업과 비영리단체가 좋은 동반자 관계를 이룬 모범 사례에 수상하는 상인 '헤일로상the Halo Award'을 받았다.

2006년 9월, 뮤직라이징은 뉴올리언스 슈퍼돔the New Orleans Superdome의 재개장을 주최했다. 반년 전 생겨난 꿈을 그래미the Grammy 시상식 전야에 실현한 U2와 그린데이Green Day는 내셔널 풋볼 리그NFL 경기 전 행사에서 도시의 재탄생을 응원하는 의미로 '뉴올리언스 세인츠가 돌아오고 있다The Saints Are Coming'를 함께 공연했다.

뮤직라이징의 가장 큰 모금 행사는 2007년 4월 뉴욕에서 열린 '음악의 아이콘Icons of Music' 경매인데, 이 행사에서 총 250만 달러를 모았다. 경매 물품에는 디 에지가 1985년부터 U2의 모든 순회공연에서 연주해온 1975년산 크림색 깁슨 레스 폴Les Paul 커스텀 기타가 포함되어 있었다(이 기타는 24만 달러에 낙찰되었다). 디 에지와 다른 U2 밴드 구성원들은 내놓기가 힘들 정도로 아끼는 물품들을 경매에 기증하기로 뜻을 모았고, 다른 밴드에게도 이에 동참할 것을 권했다. 디 에지는 이렇게 생각했다.

나는 내게 정말로 의미 있는 악기를 내어놓는 일에는 어떤 시적 감흥이 있다고 생각했다. 이 악기는 찻장 뒤편에 방치해온 물건이 아니었다. 그러나 이 도시를 위해서 이를 내어놓는 것, 나와 다른 음악가들이 있을 수 있도록 해준 도시를 위해 이를 내어놓는 것은 정말 의미 있는 일이었다. 뉴올리언스 없이 로큰롤은 존재하지 않았을 것이다. 그래서 나는 내게 중요한 가치를 지닌 것, 내게 많은 의미가 있는 것을 진심으로 내어주는 게 옳다고 것을 느꼈다. 그래서 내가 내어놓은 것이 바로 악기였다.

뮤직라이징의 노력은 어떤 결과를 낳았을까? 2,500명 이상의 직업 음악가가 다시 음악을 할 수 있었고, 뉴올리언스 지역의 학생과 주민 3만 명이 도움을 받았다. 21개의 학교와 41개의 교회에서 다시 음악이 들리기 시작했다. 디 에지는 다음과 같이 곰곰이 생각했다.

여러 학교에서 보내온 몇몇 사진들을 보기 시작하는 것은 무척 흐뭇한 일이었다. 사진에 담긴 음악 수업 장면을 보면서 현장에서 그것이 의미하는 바를 알 수 있었다. 한 어린아이의 손에 악기를 쥐여 주는 것은 믿을 수 없이 놀라운 일이다. 참으로 삶을 바꾸는 일이고, 특히 장래의 전망이 미국의 다른 도시들에서만큼 장밋빛이지 않을 뉴올리언스 같은 도시에서는, 그것이 아이들에게 인생을 위한 목표와 중심을 마련해주는 방식일 뿐만 아니라, 식탁 위에 먹을 것을 올려놓아 줄 무언가를 해내는 법을 정말로 익혀갈 기회이기도 하다.

모든 일 가운데 가장 주목할 만한 것은, 경쟁하며 파벌 싸움을 벌이던 음악 산업계가 전례 없는 협력을 보여주었다는 점일 것이다. 디 에지의 견해는 다음과 같다.

어떤 점에서, 나는 이미 열려있는 문을 밀어대고 있었다. 우리가 일들을 공식화하고 도우려 하는 방법을 구조화하자마자 사람들이 함께 하기 위해 찾아왔던 것은 정말 놀라운 일이었다. 내 생각에, 이것은 사람들에게 동기를 부여하는 나의 능력이나 밥 에즈린의 능력, 또는 일과 관련된 다른 누군가에 대한 증언을 훌쩍 뛰어넘는, 뉴올리언스의 음악이 지닌 힘과 그 중요성을 보여주는 증거다. 나는 우리가 실제로 무언가를 시작할 준비가 된 곳에 그저 어쩌다 있게 된 것이라 생각한다.

음악가들과 음악 프로그램들만 회복된 것이 아니라, 음악의 회복을 통해 희망 또한 도시에 돌아왔다. 마치 음악이 도시의 영혼을 회복시킨 것 같았다. 디 에지는 다음과 같이 관찰했다.

우리는 뉴올리언스에서 음악이 단지 문화적 정체성의 문제에 머무르지 않는다는 사실에 놀랐다. 음악은 도시를 굴러가게 하는 요소다. … 음악이 흐를 때마다, 미래에 대한 낙관주의적 느낌, "이건 통할 거야"의 느낌이 있었다. 그것은 대단한 촉매가 되었다. 나는 우리가 음악을 통해 했던 일들이 도시의 영혼을 먹여 살렸다고 생각한다. … 그것은 밥, 헨리, 내가 전혀 예상하지 못했던 일이었고, 이후 음악이 미래를 향한 사람들의 믿음을 심어주는 것이었음을 알게 되었을 때 우리는 크게 놀랐다.

카트리나 발생 2년 후인 2007년 8월, 뮤직라이징은 뉴올리언스에서의 상황을 평가하고 구호 활동에 다시 참여했다. 디 에지는 다음과 같이 말했다.

이번에 카트리나 재난 2주년을 맞았지만, 아직도 우리가 해야 할 일이 많다는 사실은 누가 봐도 알 수 있습니다. 우리는 음악가, 학교, 교회를 중심으로 지원을 계속할 것입니다.[4]

뮤직라이징이 본인의 삶에서 수행한 역할을 성찰하는 디 에지는 이 계획이 자신의 영혼을 키웠다고 말한다. 그는 뮤직라이징에 많은 것을 주었지만, 그가 준 것보다 그가 이 프로젝트를 통해 받은 것이 더 많았다.

놀랍도록 보람찬 일이었다. 내가 개인적으로 뮤직라이징에 쏟았던 시간과 돈과 노력이 무엇이든지 간에, 이게 실제로 중요한 변화를 만들어냈다는 사실을 깨닫는 데서 오는 감격과 보상의 측면에서만도 나는 열 배로 보답받았음을 말해야만 한다. 그래서 나는 다른 무엇보다도 그것을 아주 대단

---

4 http://musicrising.blogspot.com/2007_08_01_archive.html

한 축복으로 여긴다. 그것은 괴로운 노동이었던 무언가가 아니라, 내 삶을 풍요롭게 해준 무언가이다.

번창하는 병원이라는 꿈. 메드리스 콜루치오는 2장에서 논의했던 핵심 그룹들과 전략기획팀뿐만 아니라, 본인이 구성한 실행팀과 함께 담대한 꿈을 꾸었다. "마술봉을 휘둘러 이곳의 보건의료 사역에서 지금과 다른 결과가 나오게 할 수 있다면, 어떤 일이 이루어지는 것을 보고 싶은가?" 라는 질문을 통해 핵심 그룹들이 꿈을 꾸게 만든 것처럼, 현실적이면서 이룰 수 있는 계획을 만들어낼 수 있다는 꿈을 전략기획팀과 함께 나누었던 것처럼, 그녀는 병든 병원이 5년 안에 회복될 수 있다는 꿈을 실행팀과 함께 나누었다.

실행팀은 '수호자들'과 더불어 전략적 계획의 아홉 가지의 윤곽을 그려 냈는데, 수호자 한 사람 한 사람이 각 계획을 이끌었다. 각각의 전략적 계획은 병원 조직 전반과 공유되었고, 병원 구성원들을 이 계획에 초대했다.

◆ 사명과 가치 직조하기
◆ 리더들 성장시키기
◆ 시설 개선하기
◆ 훌륭한 청지기 되기
◆ 우수한 의사들 소개하기
◆ 서비스 연속성 높이기

◆ 뛰어난 서비스 제공하기

◆ 자부심과 충실성 만들어내기

◆ 우리의 이야기 들려주기

테니스 선수였던 메드리스는 꿈을 이루려고 애쓰는 과정에서 시선을 공에 고정해야 함을 상기시켜주었다.

어떤 결과를 낳았을까? 결과는 모두를 깜짝 놀라게 했다. CEO 직위를 위한 면접 과정 동안, 콜루치오는 피스헬스 조직 내에서 사람들이 성 요한 의료원을 '이복 자매'라고 한다는 사실을 발견했다. 그리고 그녀는 이렇게 반응했다. "그 누구도 누군가에게 이복 자매여서는 안 됩니다." 3년 반 뒤, 피스헬스 조직 전체의 대표가 모든 직원이 함께 모인 자리에서 시상식을 열었는데, 모든 부문에서 성 요한 의료원에게 상이 돌아갔다. 병원은 건강한 재정상, 자부심과 충실성상, 창조성상, 품질상을 받았다. 콜루치오는 성 요한 의료원이 연이어 수상했을 때 자신이 어떤 느낌을 받았는지 이렇게 회상한다. "점점 쑥스러워졌지만, 사실 일종의 재미가 있었어요. 일을 잘했다고 인정받는 것은 성 요한 의료원에서 일하는 이들에게 정말 기쁜 일이었습니다."

이러한 상들을 받을 정도로 잘한 일은 무엇이었을까? 오히려 잘 하지 않은 일이 없을 정도였다. 세 번째 해가 끝나갈 무렵, 5년 계획을 통해 이루고자 목표한 꿈 중 92%가 성취되어 있었다.

성 요한 의료원은 2005년 의사, 간호사, 정신건강 전문가, 및 직원들로 구성된 무료 진료소를 시작했다. 이 진료소를 통해 롱뷰 지역에서 증가하는 보험 미가입 인구를 지원했고, 긴급 진료를 제공하고 지속적으로 진료를 받을 수 있는 체계를 개선했다.

또한 성 요한 의료원은 시설과 장비를 개선하기도 했다. 병원은 컴퓨터 축 단층 촬영CAT Scan과 자기공명영상MRI 장비, 최신식 암 진단 및 방사선 치료 장비 같은 최첨단 기술을 추가함으로써 근방 주요 도시들에 가야만 할 수 있었던 검사를 가까이에서 받을 수 있도록 했고, 이를 통해 많은 환자들이 쉽게 필요한 검사를 받을 수 있게 되었다. 게다가, 4천 6백만 달러에 달하는 프로젝트를 통해 가족 친화적 출산센터 신축, 중환자실 확장, 응급부서 개선, 수술실 및 심장센터의 기술 향상을 비롯한 병원의 여덟 개 층 모두에 대한 개보수를 진행했다.

직원들의 사기가 엄청나게 개선되었다. 그녀는 부임 당시 병원 구성원들은 기가 꺾여있었고, 자신감이 없었다고 회상했다. 성 요한 의료원은 높은 이직률과 직원들의 잦은 결근으로 인해 직원의 17%가 임시직이었다. 그러나 2005년 말, 이직률과 결근율이 매우 감소했으며, 병원은 신입 사원을 쉽게 채용할 수 있게 되었고, 대체 인력은 필요하지 않게 되었다. 성 요한 의료원은 직원들에게 훈련 기회 또한 제공했다. 리더십 훈련의 일환으로 병원은 직원들에게 보수교육을 위한 자금뿐만 아니라 학부와 대학원 과정에 대한 학비 감면 혜택을 제공했다. 내부적으로, 성 요한 의료원은 종합적인 오리엔테이션 프로그램과 지속적인 역량 훈련을 제공해주었다. 중견 및 고위 경영진에게는 사명에 기반한 리더십 훈련 프로그램이 제공되었다.

환자 만족도가 올라갔다. 지역사회에서 병원의 이미지는 극적으로 뒤

바뀌었다. 다수의 새 프로그램이 환자 진료와 환자 만족도를 개선한 것이다. 예를 들면, 성 요한 의료원은 환자 안전을 개선하기 위한 전국적 활동인 "Speak Up!" 프로그램에 참여했는데[5], 이 프로그램은 환자가 보건의료에 관한 의사결정에 참여하는 것이 더 나은 결과를 만든다는 연구에 근거하여 환자들에게 능동적으로 진료에 참여할 것을 독려하는 프로그램이다.

병원의 또 다른 중요한 개선 사항으로는, 인공호흡기에 의한 폐렴의 발생 건수를 줄이기 위해 중환자실 간호사들, 호흡기 치료사들, 의사들이 함께 일한 것이다. 2004년도 워싱턴주 품질협의회Washington State Quality Conference에서 성 요한 의료원은 인공호흡기에 의한 폐렴 발생 비율을 전국 평균보다 한참 낮은 1%(1990년대 말, 성 요한 의료원은 17%를 기록했었다)로 줄인 데 대하여 감염관리 및 예방에 관한 공로패를 받았다.

지역사회에서 병원의 이미지가 개선된 원인은 환자 만족도가 오른 것뿐만이 아니다. 성 요한 의료원이 지역사회에 환원한 것들도 영향을 미쳤다. 위에서 언급된 무료 진료소를 비롯하여, 성 요한 의료원은 위험에 처한 청소년을 위한 청소년 멘토 프로그램을 후원하고, 환자 지원 프로그램에 재정적으로 지원하여 지역사회에 이바지했다. 지역 고교생들의 높은 중퇴율을 해결하기 위해 로즈 마리 니그로Rose Marie Nigro 수녀(앞서 언급한 '사명과 가치를 조직의 기본 구조로 직조하기'의 수호자)가 착안한 청소년 멘토 프로그램은 위기에 처한 학생들에게 대학 입학을 위한 재정적 지원은 물론

---

5 미국 의학연구소the Institute of Medicine가 2000년도 보고서 「실수를 범하는 것이 인간이다To Err Is Human」를 발표한 이래로 환자 안전은 계속 주목을 받아왔다. 성 요한 의료원은 안전을 보장하기 위한 전국적 운동에 참여해왔다.

학업적 성공을 돕는 코칭도 제공했다. 또한 보험이 없거나 충분하지 않은 환자를 위한 지원, 대출 자격이 없는 환자를 위한 융자, 내부의 자선 프로그램을 통한 보조금 지원, 주에서 운영하는 소득기반 차등요금제 건강보험에 대한 신청 지원 서비스도 제공했다. 지역사회에 대한 성 요한 의료원의 재정적 기여는 2005년 집계로 거의 십만 달러에 달하는데, 비상대피소와 유나이티드웨이the United Way, 지역 극장을 비롯한 예술 프로그램뿐만 아니라 미국 암 학회the American Cancer Society, 마치 오브 다임즈the March of Dimes, 적십자사the Red Cross가 이를 위한 지원에 참여했다.

지금 병원은 재정적 안정을 누리고 있다. 메드리스 콜루치오가 부임했을 때 성 요한 의료원은 심각한 적자를 내고 있었지만, 2005년 말에 병원은 재정 목표를 훨씬 초과하여 흑자로 전환되었다. 수입 대 지출비는 3년 만에 -3%에서 8%로 증가했다. 2005년, 위에서 언급했듯이, 이 놀라운 재정 회복으로 인해 성 요한 의료원은 피스헬스가 수여하는 재정상을 받을 수 있었다.

모든 일이 이루어지는 내내, 병원 실행팀은 계획의 진척 상황을 모든 당사자에게 전하는 데 주력했다. 실행팀은 담대한 꿈과 냉정한 평가가 함께 가야함을 알고 있었기에, 무엇을 평가해야 하는지를 살펴보았다. 일부 계획들의 경우는 자료수집 및 데이터 분석 도구가 이미 마련되어 있었다. 예를 들면, '시설 개선하기'와 같은 계획은 '길을 찾기 쉽도록 돕는 현장 조직 만들기'처럼 눈에 보이는 목표를 설정했고, 방법을 명시했다. 환자와 가족이 길 찾는 것을 돕기 위해 새로운 안내표지판을 붙이고 자원봉사자인 '앰배서더ambassador'를 배치하는 것으로 이 목표는 달성되었다. 또한

'우리 재원의 훌륭한 청지기 되기'는 '수익 흐름 개선하기'라는 목표를 세웠다. 수입 대 지출비가 -3%에서 8%로 증가했고, 이를 통해 목표가 달성되었음을 확인할 수 있었다.

그러나 다른 목표들은 측정하기가 쉽지 않았다. '자부심과 충실성 만들어내기', '사명과 가치를 조직의 기본 구조로 직조하기'같은 계획의 수행 정도는 어떻게 측정될 수 있었을까? 성 요한 의료원의 리더들은 가시적 성과가 있어야 계획이 의미를 가진다는 생각에 동의했다. 그들은 사명에 기반한 전략기획이 궤도에 오르려면, 조직에 일어난 변화를 측정할 수 있어야만 한다고 생각했다. 그래서 그들은 병원 전체가 이 눈에 보이지 않는 목표를 얼마나 잘 달성하고 있는지 측정하기 위해 피스헬스사명센터the Peace Health Center for Mission의 빌 마호니Bill Mahoney가 개발한 선구적인 측정 도구를 활용하기로 했다. 이 도구는 (1) 의료인이 자기 업무에 참여하는 방식, (2) 하나의 팀이라는 공동체 의식teamness이 업무와 부서에서 기능하는 방식, (3) 공동체 문화가 관여하고 있는 방식을 조사함으로써 조직 건강을 측정한다.

예를 들면, 하나의 팀이라는 공동체 의식에 관한 설문조사에는 '우리는 서로를 양육하고, 지원하고, 돌본다.', '우리는 침착하고, 배려하며, 치유하는 방식으로 갈등을 다룬다.', '주제에 상관없이, 팀에 속한 사람들 사이의 의사소통은 솔직하고, 정직하며, 정중하고, 긍정적이다.'와 같은 질문이 포함되고, 응답자는 이 질문에 점수를 부여한다. 공동체 문화가 관여하고 있는 방식을 측정하는 설문조사는 '현재 직장은 내가 배우고 성장할 기회를 제공한다.', '우리 부서 사람들은 내가 하는 업무를 가치 있게 여긴다.', '나의 고유한 개인적 기량과 능력을 환자와 동료의 이익을 위해 사용하는 것이 허락되어 있다.'와 같은 질문들이 포함된다. 의료인의 자기 업무 참여 수준을 측정하는 설문조사에는 '나는 치료와 치유가 의미하는 바와 그것이 성취되는 방법에 대해 성 요한 의료원의 다른 직원들과 자주 이야기한다.', '내가 하는 업무는 환자의 치유를 지원하는 데 분명한 영향을 준다.', '나에게는 성 요한 의료원의 환자 치료가 어떻게 될 수 있는지에 대한 개인적인 비전이 있다.'가 있다.

성 요한 의료원은 2002년부터 매년 설문조사를 실시했다. 2002년 데이터를 기준으로 삼은 병원의 조직 건강 점수는 3년 동안 통계적으로 유의미한 향상을 보여주었다. 이 결과는 함께 꿈꾸는 것과 목표를 달성하기 위한 동반자가 되는 것이 조직 건강에 중대한 영향을 미쳤다는 사실을 입증했다.

이처럼, 가시적으로 달성할 수 있는 목표를 향한 진전뿐만 아니라 눈으로는 볼 수 없는 목표를 향한 진전도 평가함으로써, 성 요한 의료원은 전략기획 전체가 병원에 미치는 영향을 확인할 수 있었다. 병원의 재정적 순이익과 마찬가지로, 병원의 조직 건강도 드러나고 평가될 수 있었다.

5년에 걸쳐 진행되는 전략기획을 세운 지 3년 만에 성 요한 의료원이 직원 사기, 재정적 건강, 환자 만족도 분야에서 뚜렷한 변화를 이루어냈고, 더 나아가 병원의 재정적 건강을 기반으로 지역사회에도 기여하게 되었다. 가장 중요한 것은, 전략적 목표를 달성하고자 하는 열의가 지속적으로 높게 유지되었고, 목표를 이루어가는 과정에 갈수록 많은 이들이 참여하게 되었다는 것이다.

메드리스 콜루치오는 성 요한 의료원의 상황을 크게 개선한 공로로 2006년 가톨릭의료협회the Catholic Health Association에서 리더십상을 받았다. 가톨릭의료협회는 성 요한 의료원의 재활성화를 도운 '열정, 업무, 우정'을 기렸다. 콜루치오는 이 시상식에서 배려 깊은 안내를 통해 공동체가 해야 하는 일을 모범적으로 보여주어, 미래를 꿈꿀 수 있게 한 리더로 인정받았다.

담대한 꿈을 꾼 메드리스 콜루치오는 가장 지독한 상황조차 호전될 수 있음을 실증했다. 오직 3년 반 만에 직원들의 사기가 하늘 높이 치솟았고, 환자 만족도는 극적으로 개선되었으며, 재정적 상황이 호전되었다. 인공호흡기를 달고 있던 병원이 완전히 건강을 회복했음은 물론, 전적으로 지역사회를 위해 일하게 되었다.

결론

모르시 만수르, 디 에지, 메드리스 콜루치오 모두는 '불가능한' 도전에 직면했고, 담대한 꿈을 꾸었다. 그들은 현실을 부정하지 않고 정확히 가늠했다. 현실을 바꿀 수 있는 내부의 힘을 찾아내어 절망을 바꿀 수 있는 희망이 있음을 주장했다. 다른 이들과의 연결을 통해 마음의 희망을 찾고, 이 희망을 실현하기 위해 서로 의지해야 한다는 것을 알았다. 이들은 희망이 절망을 이겨냈던 다른 시기들에 대한 기억을 떠올리며 마음의 희망을 찾았다. 그리고 자신들의 신앙을 통해 마음의 희망을 찾았다. 이들은 모든 역경에 맞서 변화할 수 있다는 담대한 꿈을 꾸었다. 꿈꾸기의 힘을 보여줬고, 그런 뒤에는 그 힘을 활용하여 현실로 나아갔다. 이들의 꿈에 영향을 받은 이들이 이들과 함께하기 위해 나섰다. 결과는 놀라웠다.

물음들

1. 도전에 직면했을 때 어떻게 있는 그대로 상황을 받아들
였나요?

2. 어떻게 마음의 희망을 찾았나요? 현재 직면하고 있는 도전
속에서 어떻게 마음의 희망을 찾을 수 있을까요?

3. 어떻게 담대히 꿈꾸었나요?

4. 어떻게 하면 지금 담대히 꿈꿀 수 있을까요?

제2부

방향 유지하기

04

사명을 최우선에 두기

1990년대 초, 보스턴에 자리한 웨인라이트은행Wainwright Bank의 공동창립자 겸 공동의장 밥 글래스맨Bob Glassman은 자신이 도전적인 상황에 직면했음을 깨달았다. 몇 년 전, 그 은행은 담대한 꿈을 꾸며 사회적 정의 프로젝트를 시작했고, 그 프로젝트의 일환으로 노숙인 문제를 해결을 위한 파인스트리트여관the Pine Street Inn과 동반자 관계를 성공적으로 맺기도 했다. 그러나 밥은 은행 이사회의 모든 이가 자신의 비전을 공유하지는 않는다는 사실을 깨달았다. 그들은 미미한 실험 수준의 프로젝트는 용인했지만, 사회적 정의에 대한 진지하고 지속적인 몰입에 관해서는 다른 입장이었다. 은행업계 중심부의 가치 공백을 염려한 밥은 어떻게 하면 은행이 '가치를 지키는 금융Banking on Values'이라는 사훈에 충실할 수 있을지를 두고 고심했다.

사명을 최우선에 두는 것은 영혼에 기반한 리더십을 발휘해 방향을 유지하는 일의 근본적 요소다. 마음 따르기, 동반자 찾기, 담대히 꿈꾸기처럼 사명을 최우선에 두는 과정에서도 많은 오르내림을 겪게 된다. 이 장에서는 사명을 최우선에 두기 위한 세 가지 원칙, 더 큰 가치에 집중하기, 비전 공유하기, 사명으로 되돌아가기를 숙고해볼 것이다. 각각의 원칙은 그 원칙을 살아낸 리더들의 삶에서 추린 사례들로 설명될 것이다. 밥 글래스맨, 더바디샵의 창업자 아니타 로딕, 일리노이주 남부에 자리한 성모의 선한 사마리아인 병원St. Mary's Good Samaritan Hospitals의 CEO 짐 생어Jim Sanger가 바로 그들이다.

더 큰 가치에 집중하기

밥 글래스맨은 순이익 이상의 것에 집중했다. 은행업계는 일반적으로 수익성이라는 하나의 핵심에 집중하는 것이 보통이다. 그러나 웨인라이트은행은 사람과 수익이라는 두 가지 핵심 모두에 집중했다. 더 나아가 사람과 수익, 그리고 지구라는 세 가지 핵심 가치를 세웠다. 밥은 1990년대 초에 더 큰 그림을 그리기 위해 자신의 사업 동반자들과 이야기를 나누는 것부터 시작하여 작은 걸음들을 내디뎠다. 밥이 동반자들에게 은행이 사회적 정의에 관한 비전을 추구하면 좋겠다고 말하자, 그 동반자는 전폭적인 지원을 약속했다.

아니타 로딕은 "영향력을 발휘하기에는 자신이 너무 작다고 생각된다면, 자기 전 귓가에서 앵앵거리는 모기를 떠올려보세요"라고 즐겨 말했다. 이 말은 그녀에게 날마다 영감을 불어넣어 주었다. 실제로 아니타 로딕은 자신을 잠들려 하는 대기업 주변에서 윙윙대는 모기 한 마리라고 생각했을지 모르겠지만, 그녀가 세상을 떠난 2007년, 그녀는 이미 무시할 수 없는 영향력을 가진 사람이었다. 그녀는 자신이 창업한 회사인 더바디샵과 자신에게 영향을 받은 리더들을 영혼을 담아 이끌어감으로써 이들에게 풍성한 유산을 남겼다.

그녀는 자신의 모든 일의 방향을 순이익 이상의 것에 두었다. 1976년 가족의 생존을 책임지기 위해 영국 브라이튼에서 작은 가게로 문을 열었던 자신의 첫 번째 더바디샵에서, 2006년 엄청난 값으로 매각한 사업에 이르기까지(수익은 즉시 자선재단에 넘겨졌다), 로딕은 자신의 비전과 가치, 무엇보다도 사람들을 향한 존중과 환경을 위한 배려를 잊지 않았다.

짐 생어는 일리노이주 남부의 성모의 선한 사마리아인 병원이 이익을 내는 것보다 더 큰 가치에 집중한다는 점에 끌림을 느꼈다. 짐은 지역사회를 섬기는 사역으로서의 보건의료에 집중하고 싶었고, 종교와 연계된 보건의료기관 내부의 리더십에 마음이 끌렸다. 프란치스코회의 가톨릭 유산을 지니고 사명, 비전, 가치에 집중하는 이 병원은 그의 기대에 꼭 들어맞았다.

성모의 선한 사마리아인 병원은 자신들의 사명을 이렇게 밝히고 있다.

> 특별히 가난한 자와 연약한 자에게 관심을 가지고, 모든 이에게 비용 대비 효율적인 양질의 지역 의료서비스를 제공함으로써 예수 그리스도의 치유 사역을 계속해나가는 것.

위와 같이 명시된 사명에 대한 부연으로서, 병원은 자신들의 가치를 다음과 같이 열거한다.

> 치유 사역에서의 동반자들로서, 우리는 아래와 같은 노력을 기울이고 있습니다.
>
> ◆ 온정적이고 능숙한 서비스 제공
> ◆ 올바른 행동
> ◆ 모두의 존엄성 존중
> ◆ 공동체 정신 함양

성모의 선한 사마리아인 병원의 CEO로서 하는 모든 일 가운데, 짐 생어는 늘 더 숭고한 선good에서 눈을 떼지 않으면서, 더 큰 가치에 집중했다.

비전 공유하기

짐 생어는 공유된 비전이 병원의 성공을 위한 토대가 되었다고 말한다. 1997년 짐은 CEO로 부임하면서 공동 운영협약을 체결한 두 병원의 리더십을 통합해야 하는 상황을 맞게 되었고, 이것이 어려운 도전임을 느꼈다. 두 병원의 하부단위들에서는 협업이 가능했지만, 지도부에는 공유된 비전이 없었다.

두 경영팀을 통합하는 일에 숨어있는 위험을 의식한 짐은 구성원 모두가 서로 예의를 갖춰 정중하게 대하기를 요청했다. 그는 통합된 하나의 경영팀이 병원을 이끌 것이라고 발표했다. 그런 뒤 기존의 각 병원 경영팀에게 서로의 병원 현장을 방문해 그곳의 필요를 알아가도록 했고, 두 병원 모두에 대한 책임을 각 경영팀에게 고루 나누었다.

두 팀이 함께 일하리라는 확실한 기대를 바탕으로 사귐을 위해 실시했던 연례 수련회를 통해 경영팀은 점차 통합되었다. 병원은 업무 공백 최소화 정책에 충실했다. 한 병원의 경영 담당자가 자리를 비우면, 다른 병원의 상응하는 직위에 있는 이가 그 자리의 역할을 함께 맡았다.

리더십을 통합하는 과정에서, 짐은 이들과 비전을 공유하고 키워가기 위해 지위고하를 묻지 않고 지도부 및 경영진과의 협력을 강화했다. 그는 시간, 에너지, 돈을 업무에 투자했고, 반대 세력이 거세게 항의할 때도 흔들리지 않았다. 그가 부임한 후 10년이 지난 2007년, 병원 지도부는 같은 비전을 공유하게 되었다. 기관은 자기 목표를 성공적으로 달성하면서, 매우 효과적으로 기능하게 되었다. 짐은 아래와 같이 자기 생각을 밝혔다.

조직을 성공시키고 좋은 방향으로 나아가게 하는 일에서 가장 중요한 것은 비전을 이해하는 사람들이 하나의 중심을 세우는 것입니다. 그 중심은 팀 학습, 정신적 모형의 공유, 비전 공유입니다. 비전이 제대로 공유되기만 한다면 의사결정과정에 하루가 걸리든 한 주가 걸리든 한 달이 걸리든 한 해가 걸리든 상관없이 대부분의 결정이 옳은 방향으로 갑니다. 사람들이 충분히 비전을 공유하고 이해하게 된다면, 일은 훨씬 더 쉬워집니다. 각각 따로 시작되어 전체적으로는 서로 유기적이지 않은 상황이 만들어지지 않기 때문입니다. 모든 이들이 하나의 목표를 향해 움직인다면, 각자가 하는 일은 유기적이 됩니다.

이처럼 짐은 비전을 공유한다면 불가능은 없다는 것을 발견했다.

아니타 로딕은 영향력 있는 비전을 공유했다. 남편 고든은 일찍이 그녀의 비전을 이해했고, 아니타가 사업을 시작한 후 1년이 지나 그들은 브라이튼과 치체스터의 첫 더바디샵 두 곳을 운영하는 동반자가 되었다. 그로부터 얼마 지나지 않아, 친구들과 고객들은 자신들도 더바디샵을 열 수 있는지 문의하기 시작했고, 고든은 프랜차이즈에 대해 들어본 적이 없었음에도 그 개념을 '창안'해냈다. 아니타는 가게를 여는 일에 관심 있어 한 모든 이와 면접을 진행했고, 비전과 가치를 파고드는 물음들을 던졌다. 그 결과 새 가게들의 대다수는 비전을 이해하고 비전을 실현하는 일에 이바지한 여성들에 의해 운영되었다. 아니타는 더바디샵의 발전을 회고하면서 생각에 잠겨 이렇게 말했다.

더바디샵은 여자 하나가 혼자 모든 걸 이루어내는 쇼가 아니며, 그랬던 적도 없습니다. 더바디샵은 공통의 목적을 이루기 위해 일하고 공통의 가치를 공유하는 수많은 이들과 함께하는 지구적 기업입니다. 바로 이점이 더바디샵에 캠페인 역량과 상업적 강점을 제공해주었고 더바디샵을 주류 기업들과 다르게 만듭니다.

짐 생어와 마찬가지로, 아니타 역시 비전이 공유될 때 그 비전의 능력이

기하급수적으로 늘어난다는 것을 발견했다.

밥 글래스맨은 웨인라이트은행에서 공유된 비전을 성장시키기 위해 노력했다. 1990년대 초반, 사회적 정의를 구현하는 은행이라는 비전을 제시하여 동반자들로부터 전면적인 지원을 받으면서, 그는 이사회를 움직이기 시작했다. 은행이 나아갈 방향에 대한 자신의 비전을 분명히 했을 때, 밥은 이를 환영하는 이사들과 이 비전에서 눈을 돌려버리는 이사들을 모두 경험했다. 이후 일부는 이사회를 제 발로 떠났지만, 밥의 비전을 공유한 이들이 새롭게 이사회에 합류했다.

밥은 또한 은행 경영팀의 구성원 사이에서 공유된 비전을 성장시키려 애썼다. 몇몇 경영자들이 밥의 비전을 공유하고, 은행의 비전을 위해 새로운 경영자들이 합류하면서 이사회 구성원들과 경영자들의 내적 중심은 확고해졌다. 밥은 다음과 같이 생각했다.

공유한 비전을 어떻게 구현할 것인지를 고민하는 과정에서, 우리는 대중에게 우리의 목표를 강제하고 설득할 이유가 없다는 것을 발견했습니다. 우리는 우리가 하는 일이 옳다고 느꼈고, 우리가 옳은 방향으로 가고 있다면 자연스럽게 대중이 함께 하게 될 것이라 생각했기 때문입니다. 우리는 은행의 정체성을 세웠습니다. 이 정체성을 바탕으로 점점 성장하는 과정에서 이를 통해 자신의 길을 발견한 열정적이고 헌신적인 지지자들이 생겨났습니다. 이런 과정이 반복되며 열정의 순환이 생겨났습니다.

이윽고, 이사회는 웨인라이트은행의 사명을 분명하게 밝혔다.

> 웨인라이트은행 신탁회사는 우리 안에 가득찬 포용성과 다양성을 바탕
> 으로 사회적으로 책임 있는 선도적 은행이 될 것을 다짐합니다. 우리 은
> 행은 모든 이들, 곧 직원, 고객, 지역사회, 주주에게 동등하게 헌신
> 합니다.

공유된 비전은 새로운 이사회 구성원과 직원을 모집하는 일에서 핵심 중
점이 되었을 뿐 아니라, 상품 개발 및 직원 정책에 관한 결정들을 좌
우했다.

사명 되새기기

밥 글래스맨은 웨인라이트은행이 감당할 사명으로서의 사회적 정의에
대한 자신의 비전을 지속적으로 다시 살펴보았다. 사명을 실천으로 옮기
는 일을 향해 작은 발걸음들을 내딛으려 애쓰면서, 그는 영감과 지침이
되어줄 비전을 다시 되새겼다.

예를 들어, 그는 새 상품이 출시되거나 연간 보고서가 작성될 때마다
사명을 떠올렸고, 이 과정이 그의 나침반이 되었다. "초대 강연, 연간 보
고서, 소식지, 상품 안내서, 인쇄광고를 비롯하여 은행이 이용할 수 있는
모든 플랫폼을 통해 우리가 전하고자 한 메시지의 핵심은 사회적 정의를
향한 우리의 헌신이었습니다." 창립 20주년을 맞은 2007년, 웨인라이트
은행은 자신들의 사명을 담은 수많은 상품을 소개했다. 은행은 주거환경

개선, 노숙인 쉼터, 푸드뱅크, 환경보호, 보건소, HIV/AIDS 치료, 이민 서비스를 위한 대출을 비롯하여, 충분한 도움을 받지 못하는 고객군에 대출을 제공하고 있었으며, 에너지 효율이 높은 건물을 위한 저금리 대출인 '녹색론Green Loans'과 같은 상품도 있었다.

웨인라이트은행은 비영리 세계의 시장을 주도하는 은행이 되었다. 다른 은행들이 다루지 않았던 영역에 관심을 가지게 되면서, 웨인라이트은행은 대출에 관한 복잡한 법률에 익숙해지는 동시에 비영리조직의 특수한 요구를 이해하고 받아들이기 위해 노력했다. 이를 통해 비영리조직에 돈을 빌려주는 능력을 능숙하게 성장시켰다. 더 나아가 웨인라이트은행은 자신들의 사명과 긴밀히 연결되어있는 일에 투자 기회를 제공하기도 했다. 웨인라이트은행은 개발도상국의 커피 농부들을 지원하는 이퀄 익스체인지Equal Exchange 양도성예금증서에 투자할 수 있는 선택권을 고객에게 제공했다. 또한 웨인라이트은행에 계좌를 보유한 모든 비영리조직에 제공되는 웹사이트 호스팅 서비스인 커뮤니티룸넷CommunityRoom.net은 비영리조직을 위한 기부금을 연간 백만 달러 이상 만들어내는 사업이 되었다. 게다가 웨인라이트은행은 사명을 드러내는 상품과 서비스 뿐만 아니라 조직 자체를 통해 사명을 드러냈다. 지난 몇 년간 웨인라이트은행의 지점들이 친환경 시설로 바뀌기 시작한 것이 그 예이다.

은행은 다양성을 지향하는 시각에서 직원을 채용했다. 밥 글래스맨은 초창기를 회상하며 다음과 같이 말했다. "우리는 우리가 섬기는 지역사회를 최대한 반영하는 방식의 인사를 할 수 있도록 노력했습니다. 그 결과 우리는 함께할 수 있는 최고의 인재들을 채용하게 되었지요." 사명에 대한 몰입은 은행에 명성을 가져다주었다. 다른 은행에서 웨인라이트은행으로 이직하고자 하는 이들이 넘쳐나 입사 대기자 명단까지 생겼다. 웨인라이트은행은 인종, 성별, 민족, 성적 지향에 관계 없이 신규 직원을 채용했다. 현재 웨인라이트은행 직원의 60% 및 과반에 이르는 임원이 여성이며, 직원의 30% 이상이 소수자이고, 직원들이 사용하는 언어는 22가지에 이른다. 또한 혼인하지 않은 동거인에게 최초로 복지혜택을 제공하면서 이 방면에서 은행업계를 선도했다. 사명에 대한 밥 글래스맨의 고집스러운 집중은 사회적으로만이 아니라 재정적으로도 성과를 거두었다. 반대론자들은 노숙인 쉼터와 푸드뱅크를 위한 대출이 위험한 사업이라고 주장하면서, 웨인라이트은행이 이상주의로 인해 재정적인 어려움을 겪으리라 추측했다. 하지만 결과는 그렇지 않았다. 웨인라이트은행의 지역사회 개발용 대출자금 700만 달러는 손실 없이 전부 상환되었다. 이는 다른 은행들의 대출 포트폴리오와 뚜렷한 대조를 보인 것이었다. 밥 글래스맨은 이렇게 회고한다.

> 아마 대출을 받은 이들의 도덕적 의무감이라고 부를 수 있을 것 같네요. 이런 고객들은 고민 끝에 대출을 받은 것이기에, 대출을 받아 하고자 한 것을 끝까지 실행해야 한다는 일종의 집념이 있습니다. 그래서 대의를 이루기 위해 일하는 것이지요. 저희는 그분들이 어떤 상황에서도 일해나가실 수 있다는 걸 발견했어요. 이것이 훌륭한 도덕적 담보였습니다. 다른 대출에서 전혀 찾아볼 수 없는 것이죠.

웨인라이트은행은 지난 20년간 꾸준히 성장했다. 1997년에 300만 달러였던 예금이 2007년에는 900만 달러를 넘었다. 2006년 대출금은 2005년에 비해 9% 증가했고, 순이자 수입은 2005년의 2,690만 달러에서 증가한 2,760만 달러였다. 현재 보스턴 지역에서 12개의 지점을 운영하는 웨인라이트은행은 미국에 있는 8천 개의 은행 가운데 규모가 큰 상위 7백 곳 중 하나이다. 밥 글래스맨은 웨인라이트은행이 사회적으로 책임 있는 태도를 계속 고취해가기를 꿈꾸고 있다.

더 많은 분이 저희가 하는 일에 대해 알게 되고, 자신들의 돈이 무언가를 해낼 것이라는 사실을 이해하셨으면 좋겠습니다. 돈을 A라는 곳이나 B라는 곳에 넣겠다는 선택은 지역사회에 영향을 미칩니다. 이것을 당연히 생각해야 합니다. 투자 공동체는 이를 생각해볼 필요가 있어요.

은행업계가 변화하기를 열망하는 대신, 밥은 은행이 가치를 기반으로 할 때 어떤 일이 일어날 수 있는지를 많은 이들이 알게 되기를 희망한다.

매사추세츠주 동부 방문간호사협회the Visiting Nurse Association of Eastern Massachusetts의 협회장이자 CEO인 린다 코넬Linda Cornell은 자신의 조직에서 웨인라이트은행이 의미하는 바를 이렇게 증언한다. "웨인라이트은행은 지역사회를 위한 은행의 완벽한 본보기였습니다. 사회적으로 정말 많은 책임을 수행하지요. 저희는 큰 꿈을 가진 조그마한 지역사회 조직이었지만, 웨인라이트은행은 우리의 꿈을 믿어주었습니다. 그래서 우리의 꿈을 지원하여 그 꿈을 현실로 만들도록 도와주었어요."

보스턴 노숙인 의료지원단Boston Healthcare for the Homeless의 짐 오코넬Jim O'Connell은 웨인라이트와 있었던 일을 이렇게 회상했다. "웨인라이트은행을 만난 일은 충격적인 경험이라고 할 수 있습니다. 은행이 우리의 마음을 얻으려 노력했거든요. 은행이 우리 사업을 원했어요. 아무도 우리 사업을 원하지 않는데 말입니다." 웨인라이트는 보스턴 노숙인 의료지원단이 옛 영안실을 개조해 노숙인을 위한 보건의료시설로 탈바꿈시키는 것을 지원했다.

2007년, 경제 언론인 아메리칸 뱅커American Banker는 올해의 지역사회 은행가로 밥 글래스맨을 선정했다. 은행업계에서 오스카상에 비유되는 이 상은 웨인라이트의 인지도를 끌어올리고 웨인라이트의 파격적인 접근법이 낳은 성공을 기렸다. 사명을 최우선으로 삼고 이를 되새김으로써, 밥 글래스맨은 은행업계의 통념에 반하여 사회적 양심과 수익성이 상보적일 수 있음을 입증했다.

더바디샵의 아니타 로딕 또한 자주 사명을 되새기며 방향을 잡을 수 있었다. 이후에도 언급하겠지만, 이 조직은 일찌감치 자신들의 사명을 명확하며, 동물실험을 하지 않고 자사 제품을 개발하는 데 전념했다.

지속적으로 조직의 사명을 되새김으로써 더바디샵은 자신들의 정체성에 부합하는 것이 어떤 제품, 어떤 공급업체, 어떤 채용 관행인지를 평가할 수 있었다. 아니타는 회사의 빠른 성장과 다양한 사업 아이템을 기반으로 수익성을 극대화하는 일반적인 기업인이 될 수도 있었다. 그러나 아니타는 그렇게 되고자 하는 흐름에 저항했다. 그녀는 조직을 이끌어가는 것에 영혼을 담는 것을 포기하지 않았다. 그리고 사명을 계속 되새기며 조직의 방향을 유지했다.

더바디샵 사명 선언문

◆ 사회적 변화와 환경적 변화를 추구하기

◆ 직원, 고객, 프랜차이즈 점주, 공급업체, 주주의 재정적 요구와 인간 적 욕구 사이의 균형을 창의적으로 유지하기

◆ 미래를 위태롭게 하지 않고 현재의 필요를 만족시켜, 우리의 사업이 생태학적으로 지속 가능할 수 있도록 하기

◆ 배려, 정직, 공정, 존중을 보장하는 행동 수칙을 기반으로 우리와 거 래하는 지역공동체, 국가, 국제사회에 의미 있는 공헌하기

한 예로, 아니타는 회사 사명의 네 번째 신조("우리와 거래하는 지역공동체, 국가, 국제사회에 의미 있는 공헌하기")를 실현하기 위해 커뮤니티 트레이드 프로그램을 만들었다. 더바디샵이 공정거래에 참여하는 방식인 이 프로그램은 아니타의 해외여행 경험, 그리고 그녀가 1980년대에 형성한 이들과의 신뢰에서 비롯되었다. 아니타는 여행을 통해 빈곤한 지역사회의 절박한 요구를 알게 되었다. 그녀는 이를 해결하기 위해 그들이 가진 풍성한 자원에 주목했다. 그녀는 더바디샵이 필요로 하는 천연 원료와 기타 용품을 이 지역사회로부터 구입하여 그들에게 경제적으로 도움을 주었다. 오늘날 더바디샵은 25개국 35곳 이상의 공급업체와 함께 어려운 사람들을 위한 경제적 지원을 20년이 넘도록 지속하고 있다. 니카라과의 참기

름에서 나미비아의 마룰라 기름에 이르기까지, 도움이 필요한 지역사회의 천연 원료들은 더바디샵의 주류제품이 되었다.

아니타는 공정거래가 가진 문제를 경험하는 과정에서 공정거래를 시도했던 이들이 방향을 잃어버리는 이유가 무엇인지를 살폈다. 작은 공급업체들은 대규모 주문을 처리하기 쉽지 않았고, 지역주민을 함부로 대하는 공급업체도 종종 있었다. 게다가 더바디샵의 환경기준과 동물보호 기준을 지키는 것도 쉽지 않았다. 이런 경험을 통해 1994년, 아니타와 다른 더바디샵 리더들은 아래와 같이 더바디샵의 공정거래지침을 제정하여 회사의 사명과 일치하는 공급업체를 선택하기 시작했다.

◆ 지역사회: 우리는 지역주민들의 이익을 대변하는 기존의 지역단체들과 협력을 추구한다.
◆ 빈곤 해결 지원: 우리는 빈곤을 겪는 집단, 기회를 제한받고 있는 이들을 지원하는 것을 목표로 한다.
◆ 혜택: 우리와의 거래를 통해 주요 생산자들과 그들의 지역사회가 경제적으로만이 아니라 사회적으로도 혜택을 얻도록 한다.
◆ 상업적 실용성: 가격, 품질, 용량, 효용을 신중하게 고려한 제품을 만든다.
◆ 환경적 지속가능성: 환경 및 동물보호를 위한 더바디샵의 기준에 맞는 거래를 한다.

더바디샵은 이러한 기준을 새로운 동반자를 선택하는 데 활용할 뿐만 아니라, 기존의 동반자 관계를 평가하는 데도 정기적으로 사용했다. 또한 옥스팜OXFAM 및 트윈TWIN 같은 대안무역 단체들과 긴밀히 협력하여 그들의 전문적 공정거래를 배우기도 했다.

아니타는 모든 거래를 더바디샵이 지닌 사명을 수행하기 위한 수단으로 보았다. 아니타에게 최고의 상업은 많은 수익이 아니라 다양성이었다.

> 우리가 이 지역사회들과 하는 거래는 단순히 더바디샵을 위한 또 다른 제품이나 시장의 창출에 관한 것이 아닙니다. 그것은 교류와 가치, 거래와 존중, 우정과 신뢰에 관한 것입니다.

아니타는 사명을 기반으로 한 또 다른 계획을 시작했다. 여성의 불안을 이용해 이윤을 추구했던 화장품 산업을 바꾸기 위해 그녀는 여성의 자존감을 세우는 데 초점을 맞췄다. 아니타는 광고와 제품 개발에서 기존의 화장품 업계가 택해온 것과는 다른 접근법을 택했다. 그녀는 여성들이 자기 몸과 영혼 모두를 소중히 여기고 돌보는 데 집중하도록 도왔다.

더바디샵은 이런 목표를 천명했다. "우리는 영원한 젊음을 약속하거나 사람들의 불안을 자극하여 이윤을 얻지 않습니다. 우리는 건강과 행복, 위안을 제공하는 제품에 집중합니다." 이를위해 더바디샵은 제품 라벨에 정직하고 분명한 정보를 제공하고, 이 정보에 어떠한 오해도 생기지 않도록 고객에게 제품의 내용물과 기능을 정확히 설명하고 있다. "당신의 마음을, 당신의 몸을 사랑하세요"라는 더바디샵의 표어는 제품과 관련된 모든 의사소통에 구현되어 있다.

1997년, 더바디샵은 "세상에는 슈퍼모델처럼 보이지 않는 30억 여성이 있습니다. 슈퍼모델은 오직 여덟 명뿐입니다"라는 설명과 함께 현실의 여성을 표상하는 인형인 루비Ruby를 만들고, 자존감 고취를 위한 캠페인을 시작했다.

이와 함께 아니타는 여성 폭력 문제에 대한 사회적 인식을 높이고 폭력의 순환을 멈추는 데 도움이 될 자원들과 여성들을 서로 이어주기 위한 운동을 전개하여 여성을 향한 폭력에 맞섰다.

아니타 로딕은 아름다움과 건강을 상품으로 파는 자본주의 산업도 영혼을 가질 수 있음을 세상에 보여주었다. 더바디샵의 경이로운 성장은 사업이 무엇이 될 수 있는지에 대한 비전을 제시했다. 아니타 로딕, 대기업 주위에서 윙윙대기를 반복한 모기 한 마리에 의해 자본주의 세계는 잠에서 깨어나 위대한 가능성을 바라보게 되었다.

짐 생어는 두 병원, 성모병원과 선한 사마리아인 병원의 리더십을 통합하는 과정에서 병원의 사명을 되새겼다. 기도로 회의를 시작했고, 수녀들을 이사회의 일원으로 참여하도록 하고, 임원들에게 검소한 소비를 하도록 권면하는 것과 같은 일이 성모의 선한 사마리아인 병원의 일상이 되었다. 사명을 기반으로 한 변화의 시도는 예산 편성 같은 기본적인 일들에도 영향을 미쳤다. 예를 들면, 짐은 1997년에 부임하면서 조직의 예산이 비전과 일치하는 방식으로 지출되고 있는지를 살펴보았다. 검토 결과는 그렇지 않았다. 짐과 다른 이들은 최소한 예산의 60%가 비전을 향해 전략적으로 사용되어야 한다는 것에 의견을 모으고, 지출 우선 순위를 재조정하기로 했다. 그들은 정기적으로 예산을 검토해 병원의 사명과 비전 선언문의 내용을 얼만큼 달성했는지를 점검했다. 목표치에 미치지 못하거나 방향이 잘못되었다고 판단이 되면 예산을 재조정했다. 그 결과, 2년 만에 예산 사용 방식이 크게 변했으며, 병원은 목표 중 상당수를 성공적으로 달성했다. 지금도 짐은 다음 해에 지출할 예산 계획을 세울 때 지속적으로 사명을 되새기고 있다.

> 우리는 매년 기획을 체계화하고, 이를 달성할 방법을 논의합니다. 그리고 이 과정에서 목표 달성을 위한 예산 계획을 세웁니다. 예를 들면, 가장 최근에는 수술 환경을 증진시키는 것에 자본을 사용하기로 예산 계획을 수정했는데, 이는 환자 만족도 증진이라는 우리의 목표를 충분히 달성하기 위함이었습니다. 그래서 우리는 이 중요한 계획을 지원하는 데 더 많은 자원을 사용하기로 결정했습니다.

자본을 어떻게 사용할 것인지를 고민하는 과정에서 사명을 되새기는 것 외에도, 짐은 자신을 돌아보기 위해서도 사명을 되새긴다. 주말이 되면, 짐은 현실에서 한 걸음 뒤로 물러서서 비전의 큰 그림을 보며 "이번 주에 우리가 이른 곳은 어디였지? 우리가 가고자 했던 곳이 거기가 맞나?" 하는 질문을 스스로에게 묻는다. 그는 조직의 비전을 굳게 붙잡고, 조직의 방향을 바꾸도록 압박하는 바쁨에서부터 벗어나 있으려 애쓴다. 짐은 리더가 얼마나 쉽게 옆길로 빠질 수 있는지를 경험으로 알고 있으며 이렇게 강조한다. "당신이 처리해야만 하는 일들이 조직의 방향을 좌우하도록 해서는 안됩니다." 그는 병원이 사명을 성취하기 위해 공들여 전념하고 있는 일들이 담긴 중요 과업 목록을 정리하여 주말에 그 목록을 검토한다. 짐은 이렇게 말했다. "(이런 과정이 있기 때문에) 저는 월요일 아침에 출근하면, 제가 그 주에 어떤 일을 해야하는지 알 수 있습니다." 또한 짐은 지도부의 각 구성원이 자신과 같은 성찰을 할 수 있도록 돕고 있다.

결론

자신들의 방향을 뒤엎을 정도로 위협적인 도전들이 발생했을 때, 밥 글래스맨, 아니타 로딕, 짐 생어는 모두 사명을 최우선으로 했다. 그들은 더 큰 가치에 집중했고, 공유된 비전을 발전시켰으며, 지속적으로 사명을 되새겼다. 조직을 비전에서 멀어지게 할 위험이 있는 매일의 위기 속에서도, 그들은 큰 그림에 맞춰진 비전을 놓지 않았다. 사명으로 최우선으로 함으로써 자기 자신, 직원들, 고객들, 환자들에게 존재의 이유raison d'être를 계속 상기시켰다. 상황이 좋을 때나 좋지 않을 때나, 그들은 방향을 유지했고, 직원들을 고취했으며, 자신들이 어디로 가고 있는지 알고 끊임없이 목표를 달성하는 강력한 조직을 세웠다.

물음들

1. 어떻게 이상의 것에 집중했나요?

2. 어떻게 공유된 비전을 발전시켰나요?

3. 현재 당면하고 있는 도전에서는 공유된 비전을 어떻게 발전시킬 수 있을까요?

4. 어떻게 사명을 되새겼나요? 현재의 도전 가운데서는 어떻게 사명을 되새길 수 있을까요?

05

감사 실천하기

2장에서 소개했던 랜드리 자전거는 1990년대 초, 중대한 위기에 직면했다. 계획보다 6개월 늦게 새 점포를 열었고, 그로 인해 회사는 기획했던 계절 사업의 상당 부분을 놓치게 된 것이다. 새 점포의 경비, 낮은 수익, 경기침체, 체납 임대료로 인해 은행은 회사의 대출을 회수하고 파산 신청을 권고했다. 관리자 톰 헨리는 생존을 위해 고군분투하며 나아갈 길을 모색했다. 그리고 불가능해 보이는 이 도전을 그가 속한 사업하는 리더들을 위한 지원모임인 씨잉띵스홀Seeing Things Whole과 나누었다. 그때 모임의 한 사람이 놀라운 물음을 던졌다. "어떻게 하면 자기 일을 부담이 아닌 선물로 볼 수 있을까요?"

사명을 최우선으로 두는 것은 방향을 유지하는 데 필수적이며 리더의 영혼은 물론, 조직의 영혼을 강화한다. 이 장의 주제인 감사 실천하기는 사명에 집중하기 위해 필요한 일이다. 감사를 실천함으로써 리더는 스스로 방향을 유지할 수 있으며 자신의 조직이 방향을 유지할 수 있도록 한다. 감사 실천하기의 핵심에는 일과 동료를 선물로 받아들이기, 먼저 감사 실천하기, 감사하는 문화 만들기라는 세 가지 원칙이 있다. 이 장에서는 이 원칙들 각각을 차례대로 살펴보고, 그 원칙을 살아낸 리더들인 톰 헨리, (1장에서 소개된) MGH 약제부 책임자 멕 클랩, 캔자스시티에 자리한 의학 표본 분석 연구소 랩원LabOne의 전 CEO 톰 그랜트Tom Grant의 삶을 살펴볼 것이다.

일과 동료를 선물로 받아들이기

모든 사람은 감사를 표현하고, 또 감사받고 싶어한다. 그러나 때때로 자신이 한 것만큼 인정받지 못하고 있다고 느끼며, 또 바쁨과 스트레스에 눌려 자신이 해야 하는 감사를 하지 못하기도 한다.

'일을 선물로 볼 수 있는 방법'에 대한 질문은 톰 헨리의 모든 것을 바꾸어 놓았다. 그는 랜드리 자전거가 직면한 상황을 극복하는 것이 불가능해 보였음에도 일을 부담이 아닌 선물로 보는 방법을 찾기 시작했다. 그리고 그는 이 질문을 동료들에게도 전했다.

관점의 전환은 톰에게 새로운 희망을 주었다. 은행이 대출을 회수한 후, 회사는 파산을 면하기 위한 4만 달러가 즉시 필요했다. 회사가 가진 가능성을 믿었던 톰은 돈을 빌리기 위해 친구들을 포함한 자금원을 찾아 나섰다. 그는 자신의 선택에 부담감이나 죄책감을 느끼지 않았다. 자신의 행동이 회사의 비전을 위한 자신의 열의를 공유하는 방법이라고 진정으로 믿었기 때문이다. 그의 믿음은 많은 사람들을 움직였다. 부유함과는 거리가 멀었던 한 예술가 친구는 자신이 저축한 5천 달러를 빌려주었다. 또 다른 친구는 부모에게 물려받았던 주식을 팔아 5천 달러를 빌려주었다. 톰은 이렇게 4만 달러를 매우 빠른 시간 안에 모을 수 있었다. 톰과 직원들은 자신들이 받은 지지에 대한 감사를 깊이 새겼다. 톰은 자신의 새로운 관점에 대해 깊이 생각하며 이렇게 말한다. "세상에서 우리가 하는 일보다 좋은 일은 없습니다. 다른 좋은 일은 있지만, 더 나은 일은 없어요. 그렇기에 일은 부담이 아니라 선물입니다." 이 경험을 통해 직원들은 감사를 자기 일의 초석으로 삼겠다고 서약했다.

가까스로 위기를 피한 톰은 다음 해 성수기를 위한 판매인력 확충을 시작했다. 그는 동료들을 선물로 여기기로 결심했고, 다른 이들에게도 이런 생각을 공유했다. 그는 서로가 서로에게 존재한다는 것의 경이로움, 서로가 함께 하고 있음의 신비로움을 강조했다. 빠른 변화로 인해 사람을 도구로 생각하는 것이 당연시 되는 자본주의 사업 환경에서, 톰은 각 사람이 유일무이한 존재임을, 각 사람을 향한 경외를 잊지 않도록 노력했다.

서로를 선물로 받아들이기는 멕 클랩의 서번트리더십 중 존엄과 존중이 강조하는 것으로, MGH 악세부의 기반을 형성한다. MGH는 채용 과정에서부터 직원을 선물로 여긴다. "우리는 신규 입사자가 배우고, 성장하며, 정신과 에너지를 다른 이들과 나누리라고 기대하며, 가장 우수하고, 가장 밝으며, 가장 긍정적인 분들을 채용합니다." 신입사원들은 입사 직후부터 자신이 이 회사에서 유일무이한 존재임을 경험한다. "우리는 누군가가 특별한 의미가 있는 관계를 시작할 때 기대하는 관심을 충분히 충족시킬 수 있는 경험을 줍니다."

멕은 일터가 성장의 터전이 될 수 있도록 직원들이 업무에서 성취감을 경험하고, 오랜시간 조직과 함께 할 수 있는 환경을 제공한다. 그녀는 신입사원을 대상으로 그들이 빠르게 조직에 적응하기 위해 필요한 수준의 자신감을 키워주는 1년짜리 훈련 프로그램을 도입했다. 신입사원들은 이 과정을 함께할 파트너를 배정받고, 프로그램이 진행되는 동안 지속적인 멘토의 조언과 코칭을 받는다. "오래전 우리는 배움에는 정말 다양한 방식과 단계들이 있다는 사실을 알게 되었습니다. 따라서 우리에게는 성공을 위해 직원들을 코치해줄 의무가 있어요." 채용 후 1년 이내에, 각 직원들은 세 가지 목표를 분명히 세우고, 그 목표들을 이루기 위한 코칭을 받으며, 경영진은 그 사람이 목표를 이룰 수 있도록 돕는다. 뿐만 아니라, 맥은 부서의 팀원들이 최상의 성과를 낼 수 있는 환경을 제공하기 위해 애쓴다. 타인에 대한 존중, 공정한 대우, 배려와 관심, 경청과 호응, 다른 이의 공헌에 대한 정기적인 인정은 자기 직원을 선물로 받아들이는 맥의 실천적 특징이다.

일과 동료를 선물로 받아들이는 것은 톰 그랜트의 리더십에서도 핵심적인 부분이다. 톰은 자신의 리더십을 매우 겸손하게 설명한다. "우리는 정말 운이 좋아서 그런 훌륭한 분들과 함께 할 수 있었습니다." 톰은 사람들이 가진 훌륭한 대인관계 능력이나 탁월한 기술을 알아보는 눈이 있다. 그래서 그가 만들어낸 팀에는 다양한 재능을 가진 이들이 있었다. 그는 사업 수완을 중시하는 성공한 사업가이지만, 톰에게 이익보다 중요한 것은 자신과 함께 일하는 이들이다. 톰은 이들을 회사의 가장 강력한 자산이라 생각하고, 이들을 소중히 대한다.

그는 자신의 조직이 직원 3천 명 규모의 연구소로 성장했을 때 가능한한 많은 동료의 이름을 기억하기 위해 노력했다. 직원들은 자신들이 톰을 얼마나 편안하게 느꼈는지, 톰이 자신들을 얼마나 소중하게 대했는지, 톰에게 다가가기가 얼마나 쉬웠는지 이야기해 주었다. 톰이 CEO였던 시기, 랩원의 영업 및 마케팅 담당 부사장이었던 트로이 하트먼Troy Hartman은 다음과 같이 말했다.

> 톰은 아침에 일어날 때부터 잠자리에 들 때까지 사람들과 어울리기를 좋아했습니다. 모든 사람이 선하다고 믿고, 누구나 자기 역할을 통해 조직에 기여할 수 있다고 믿는 사람이었지요. 그는 인간을 향한 타고난 낙관주의를 가지고 사람들에게 다가갔습니다.

랩원에서 근무하던 다른 이들도 일과 서로를 선물로 받아들이기 시작했다. 톰이 사람들의 단점을 보기에 앞서 그들이 가진 장점과 능력을 인지했듯이, 그와 함께 일하는 이들도 톰처럼 사람들을 대했다. 사람들은 자신들의 재능이 서로를 어떻게 보완하는지 관찰함으로써 팀을 강화하는 법을 배워나갔다. 서로가 가진 재능을 소중하게 여기는 법을 배웠다. 더나아가 자신들의 업무 전반을 하나의 선물로 받아들이게 되었다. 트로이 하트먼은 다음과 같이 평했다.

> 다른 회사들을 거쳐온 저에게 가장 의미가 있었던 일은 최적의 기준이 되는 문화를 세우고 누구나 그 문화의 일부가 되도록 다가가 도와주는 것이었습니다. 무슨 일이 어떻게 일어나야 할지를, 우리가 사람들을 대하게 될 방식이자 우리가 대우받길 기대하는 방식이 이러이러한 것이라는 방향을 위에서 정해주고 나면, 이내 그것은 회사에 스며들게 됩니다.

먼저 감사하기

톰 그랜트는 랩원에서 감사 실천의 선구자가 되었다. 예를 들면, 실험실 표본을 열어보는 일선 근로자들이 수행하는 업무가 대부분 반복적이고 지루하다는 사실을 알고 있던 톰은 이 조심스럽고, 정확하며, 효율적인 직원들의 노고를 보상해줄 방법을 모색했다. "제 생각에 우리가 저지를 수 있는 최악의 실수 중 하나는 전반적으로 회사 수익 기여도에 따라서만 상을 주는 것입니다. 그런데 표본을 열어보는 사람이 수익에 관여한다고 생각하기는 어렵죠." 톰은 표본실 직원들에게도 보상을 제공하고자 최고운영책임자 및 다른 이들과 협력했다. 그들은 얼마나 효율적으로 혹은 정확하게 표본을 처리했는지에 따라 월마다 받을 수 있는 보상을 (상여금을 포함해) 제정했다. 직원들은 자신들이 하는 일의 가치를 인정받는다고 느꼈다. 열심히 노력한만큼 성과에 직결된 추가 보상도 받았다. 회사는 이런 방식으로 구성원 모두가 보상을 받을 수 있도록 하여 직원들을 향한 감사를 구체적으로 표현했다.

직원들을 오만하게 대하는 관리자들에게 실망했던 멕 클랩은 자신은 조직을 다르게 이끌겠다고 다짐했다. MGH 약제부에서 다양한 리더십 역할을 거치며 승진한 그녀는 동료들을 선물로 받아들이는 동시에, 그들의 능력을 펼칠 수 있는 기회를 만드는 일에 전념했다. 교회에서 배웠던 "나의 재능 펼치기Unwrapping Your Gifts" 수업이 그녀가 자신의 재능, 즉 동료들을 품고 그들을 성장시키는 재능을 발견하는 데 도움을 주었다. "직원들을 계약된 시간에만 일하고 가는 사람이 아니라, 저만큼이나 환자와 MGH를 아끼는 사람으로 대하는 일, 그게 바로 저의 일입니다."

멕은 관리자들과 직원들에게 최선을 다하기 위해 필요한 것이 무엇인지 물었다. 많은 이들이 이렇게 대답했다. "우리에게 고마워하고 있다는 느낌이 들지 않아요. 우리가 하는 일에 주목하고 우리를 고맙게 여겨주세요." 대형연구병원의 완벽주의 문화 안에서는 감사 표현이 일반적이지 않았다. 훌륭한 성과는 당연시 되었고, 미흡한 성과는 지적당했다. 멕은 이런 부서 문화를 바꾸기 위해 다양한 계획을 세웠다. 그중에는 '커스터머The Customer'라는 관리자들과 직원들이 감사 표현을 직접 해보는 프로그램도 있었다. 멕은 자신이 먼저 감사를 표현했다. 그리고 '제대로 일하는 사람들을 인정하는 것'에 초점을 두었다. 멕은 관리자들과 직원들의 공헌에 주목하고, 일이 잘 마무리되면 구체적 감사를 표현하기 위해 노력했다. 이 과정을 통해 공로를 인정받은 이들은 매우 밝아졌고, 이들과 함께 일하는 이들의 성과도 개선되었으며, 관리자들과 직원들이 서로를 인정하기 시작했다. 구성원들이 서로에게 먼저 감사를 표현하게 되면서 조직의 분위기가 변하기 시작한 것이다.

톰 헨리는 자기 일을 선물로 받아들이고, 어려움에 처한 랜드리 자전거에 희망을 전하고자 했다. 그는 그는 감사 실천의 선구자가 되었고, 다른 이들에게도 함께 하기를 권유했다. 그는 연극무대에서 일했던 경험을 살려 회의를 시작하면서 다음과 같은 질문으로 회의의 긴장감을 풀었다. "어떻게 하면 열린 마음으로 팔을 활짝 벌려 오늘 할 일을 선물로 받아들일 수 있을까요? 우리의 일이 하나의 선물이라면, 어떤 의미를 가진 선물인 걸까요?" 이 질문을 통해 사람들은 자신들의 일이 어떻게 선물이 될 수 있는지를 말하고, 이를 바탕으로 서로 감사하는 연습을 할 수 있었다. 톰은 이렇게 말했다. "회의마다 계속 감사를 강조했습니다. 어떻게 감사할 것인지도 생각할 수 있도록 했죠." 그의 굳은 결심은 회사의 기업문화에 감사의 실천을 새겨 넣었다.

감사하는 문화 만들기

톰 헨리는 감사가 에너지, 창의성, 업무 참여율의 강력한 동력이 될 수 있음을 알았다. 그는 감사하는 문화를 만들어내기 위해 랜드리 자전거의 문화를 바꾸어가는 일에 열정을 쏟았다. 톰은 위에서부터 고마움을 표현하는 것이 조직에 강력한 영향을 미친다는 사실을 알고 있었다. 그는 이를 동료들에게도 권했다. 그는 감사하는 문화가 어떻게 조직 전반에 조성될 수 있을지를 고민했다. 감사하는 문화가 이는 그가 서로 감사하는 것이 그저 가끔 하는 인사 수준이 아니라 회사를 움직이는 방식이 될 수 있고, 감사의 능력이 동료들의 복지와 조직의 영향력 모두에 긴요히 활용될 수 있음을 확신했기 때문이다.

톰은 신입 직원 오리엔테이션에 감사 훈련을 도입했고, 지금도 신입 직원 교육 첫 번째 세션은 감사를 가르친다. 톰은 모든 사소한 것, 심지어는 원치 않는 일을 당했을지라도 팀 구성원에게 감사하는 마음을 가지는 태도가 지닌 중요성을 강조한다.

> 대화를 나누고 싶지 않은 손님에게 전화가 왔다고 동료가 말해줬다면, 간단히 '감사합니다'라고 말하세요. 그 사람은 당신에게 전화에 대해 알려주려고 자신의 업무 중에 시간을 냈어요. 그는 불만을 들어야 할 사람이 아닙니다.

톰은 신입 직원들에게 감사하다는 말을 많이 들을수록 일이 잘 되고 있다는 의미이며, 만약 감사하다는 말을 듣지 못하고 있다면 그것은 뭔가 잘못된, 몸으로 보면 질병이 생긴 상태라고 말한다. 톰은 감사하다는 말이 줄어들면, 판매 수익이 감소하고, 고객 불만이 늘어난다는 사실을 발견했기 때문이다.

회사 수련회의 점심시간, 톰은 서로에게 감사해보자고 제안했다. 식탁에 앉은 직원들은 차례대로 돌아가며 왼편의 사람에게 감사하고, 서로의 재능을 이야기하며, 서로 고마워하는 데 진심을 쏟았다. 이 과정에서 그들은 감사의 나눔이 발생시킨 에너지가 회사의 내년을 상상하게 만드는 강력한 동기가 되어준다는 사실을 발견했다. 이 경험을 통해 서로 감사 나누기는 회사 연례 수련회의 기본 행사가 되었다.

톰은 또한 회사의 연례 업무평가 과정에도 감사를 도입했다. 업무평가는 회사 외부인 대여섯 명이 모여 진행하는데, 이들은 업무평가를 시작하기 전, 먼저 감사를 전한다. 이는 평가에 참여한 이들의 마음을 열어주고, 이들이 자기중심성을 벗어나도록 해준다. 그 결과, 연말 업무평가는 높은 수준의 정직함을 기반으로 진행될 수 있었다. 다른 회사와는 다르게, 랜드리 자전거의 직원들은 업무평가를 기다리게 되었다.

이처럼 랜드리 자전거에는 감사의 문화가 스며들어 있다. 톰에게 감사는 회사의 강력한 공동체성을 만들어내는 근간이다. 회사는 감사하는 문화가 정착하면 일터가 더욱 인간적이게 됨을 몸소 경험했다. 이는 직원들을 회사를 위한 도구가 아닌 선물로 볼 때, 전체 생산성이 올라간다는 것을 보여주는 사례이다. 감사하는 회사는 사업이 개선되고 재무 성과가 증대된다. 랜드리 자전거는 소수만이 아는 사업 비밀, 즉 직원 참여와 사업 생산성에 대한 감사 나눔의 능력을 발견한 기업이다.

멕 클랩은 감사를 MGH 약제부의 문화로 만드는 과정에서 랜드리 자전거와 다른 도전에 직면했다. MGH 약제부는 상위 조직을 가지고 있었고, 상위 조직인 병원의 완벽주의 문화가 약제부에 계속 영향을 미쳤기 때문이다. 병원의 문화는 관리자들과 직원들이 서로의 일을 당연한 것으로 여기도록 만들었다. 이런 상황에서 부서 내에서 감사하는 문화를 유지하는 것은 힘겨운 싸움이었다. 멕은 이렇게 고백한다. "그건 우리가 끊임없이 노력해야만 하는 거예요. 그걸 우리가 항상 잘 해내는 건 아니죠." 그녀는 매달 함께 식사를 하며 서로의 이야기를 듣기 위해 자신의 사무실에 직원 여섯 명을 초대하여 '비스트로 점심 행사'를 주최한다. 이는 감사하는 문화를 만들고자 하는 의지를 확인하는 일인 동시에, 존엄과 존중을 강조하며 서로를 향한 감사를 잊지 않기 위해 규칙적으로 하는 일의 일부이다. 멕은 감사하는 문화를 만들어내고 지속시키고자 애썼다.

부서의 감사 시작계획은 정기적으로 제시되어야 하고, 주기적으로 강화되어야 한다. 때때로, 특히 사람들이 추가적인 업무 요구에 시달리는 시기 동안, 멕이나 지도부의 다른 누군가는 직원들이 무시당한다고 느끼고 있음을 알아차린다. 아이러니하게도, 고마움을 가장 많이 표현해야 하는 시기이지만, 이 시기는 모두가 지쳐있기 때문에 결과적으로 직원들은 무시당하기 쉬운 상황에 놓인다. 업무량이 증가하면, 서로를 향한 감사를 표현하는 데 인색해지기 때문이다.

감사하는 문화를 만들고 유지하기 위한 노력 가운데 하나로, 현재 부서는 서로를 대하는 것과 관련된 모든 일에서 존엄과 존중을 강조하고 있다. 위계 서열이 확고하게 자리 잡은 연구병원에서 서열이 낮은 이들은 일반적으로 거의 존중받지 못한다. 이런 체제에서는 자신보다 서열이 낮은 이들을 무시하는 것으로 우월함을 증명하는 경우가 많다. 이런 상황 속에서 멕은 약제부의 모든 이를 위한 존엄과 존중이 마르지 않는 오아시스를 만들어내기 위해 애썼다. 일대일 대화, 회의, 모든 의사소통 가운데 존엄과 존중의 태도를 강조함으로써, 멕은 약제부 문화의 전환이 결국에는 병원의 다른 부분들에도 파급 효과를 불러오길 희망했다.

축하 행사는 MGH 약제부에서 감사하는 문화를 만들어내는 일의 세 번째 요소를 구성한다. 멕은 보다 공식적인 축하 행사를 지원하는 것 외에도 즉흥적인 축하 행사를 열기 위한 기회를 찾아낸다. 예를 들면, 최근 목표치의 95%를 달성한 부서에게 아이스크림 파티를 제안하는 것과 같은 일이다.

MGH의 업무 환경에서 감사, 존엄, 존중을 꾸준히 일구어가는 것은 쉬운 일이 아니다. 멕은 그것을 어떻게 해내고 있을까? 그녀는 이렇게 설명한다. "기도는 제 하루의 일부이고, 제가 자주 찾는, 특히 일이 힘들 때 찾는 피난처입니다. 저는 어려운 상황에서 저와 함께 일하는 누구에게나 성취해야 할 바에 집중할 시간을 갖도록 '잠시 떠나있는 순간'을 가지도록 제안합니다. 기도하는 것은 개인의 자유지만, 저는 성령께서 임재하실 공간을 만들어드려야 한다고 생각해요." 그녀는 자기 일을 세상에서 이루어져 가는 하느님의 일로 본다. "우리는 모두 함께 사랑의 하느님이 하시고자 하시는 일을 하고 있어요."

감사하는 문화를 만들어내어 얻게 된 결과는 무엇일까? 최근 멕은 경영진의 윤리적이고 영적인 건강과 행복을 파악하기 위해 몇 가지 질문을 제시했다. "내 조직이 나와 내 일에 고마워하고 있다고 느낀다", "이 조직에서 남은 경력을 쌓게 된다면 무척 기쁠 것이다" 같은 질문이 일관되게 높은 점수를 얻었다. 이것은 그녀의 방향이 임직원에게 긍정적으로 작용하고 있다는 의미였다.

직전 연례 업무평가에서 멕은 인적자원관리 부문 최고등급을 받았다. MGH 약제부는 높은 업무 만족도로 유명해졌고, 이곳에서 일하는 약사들은 의학계에서 크게 존경받게 되었다. 이곳은 낮은 이직률, 높은 사기, 그리고 일하기 좋은 곳으로 알려져 있다. 신입 직원들은 자신들이 부서에 처음 들어오자마자 안내 구역에서부터 긍정적인 에너지를 감지할 수 있었다고 말한다. 그들의 직감은 부서의 낮은 결근율이 증명하고 있다. 이 곳은 밝고 유능할 뿐만 아니라 환자에게 먼저 다가가는 전문가들로 가득하다.

MGH 약제부에서 멕 클랩은 감사하는 문화가 간헐적으로만 있어도 환자와 병원 전체에 긍정적인 영향을 미치게 된다는 사실을 보여주었다. 이는 팽배한 형식적 관료주의의 한복판에서 희망의 횃불로서 빛나고 있다.

랩원에서 톰 그랜트는 자신이 먼저 감사를 실천함은 물론, 그 실천을 문화 속에 짜 넣기 위해 끊임없이 노력했다. 그는 가장 먼저 모든 직원의 가치를 존중하고 인정하는 분위기를 일구었다.

> 밤에 가게를 닫고 문단속을 하든지 시설을 청소하든지 간에, 회사에 있는 사람이 누구인지는 전혀 중요한 게 아닙니다. 회사의 모든 사람은 해야 할 중요한 일을 맡고 있어요. 저는 모든 사람이 모든 동료, 특히 큰 수익을 만들어내지 않는 이들의 가치를 인식하는 것이 조직에서 매우 중요하다고 생각합니다.

이러한 존중은 회사를 이루는 근간이었고, 이를 기반으로 감사하는 문화는 회사에 쉽게 정착했다.

톰은 회사 전체에 감사의 씨앗을 뿌렸다. 예를 들면, 그는 직원들에게 아낌없이 줌으로써 고마움을 표현했다. 앞서 소개한 일선 직원들에게 주어지는 포상 뿐만 아니라, 경영진에게도 후한 상여금이 지급되었다. 톰은 계절마다 있는 행사에서 케이맨 제도에 있는 자신의 별장 혹은 회사가 소유한 뉴욕시 아파트에서의 누리는 일주일간의 휴가 등의 푸짐한 포상을 제공함으로써 직원들에게 감사를 표현했다.

일선 근로자부터 고위 간부까지, 회사의 직원들은 톰이 만들어낸 분위기 속에서 자신이 존중받고 있음을, 자신이 가치있음을 느꼈다. 트로이 하트먼은 이렇게 회상한다. "우리는 (제가 어떤 상사나 감독자와도 절대로 다시 갖지 못할 거라 확신하는) 아주 특별한 관계를 맺었고, 이는 의심할 여지가 없습니다."

회사에 감사하는 문화가 정착되자, 구성원들 사이에서 단순히 감사를 표현하는 것 뿐 아니라, 실제로 자신이 가진 것을 나누는 문화까지 생겨났다. 인사과에서는 매달 자선단체를 선정하여 기부할 수 있도록 했다. 한 달은 안경을, 또 다른 달에는 겨울용 코트를, 이외의 달들에는 허리케인 카트리나 구호나 동물 보호소를 지원했다. 직원들의 상당수가 상대적으로 부유하지 않았음에도 불구하고 이들의 나눔은 경이로웠다. 톰 그랜트는 일찍이 "하나의 힘"이라는 구호를 자주 사용했는데, 이는 랩원이 가진 개인의 힘과 자신들의 사명을 달성해내는 회사로서의 집단적인 힘을 의미하는 것이었다. 이 구호는 이제 회사를 넘어 지역사회와 세상으로 뻗어나가고 있다.

서로를 가치 있게 여기고 서로의 재능을 인정해주는 데서 비롯된 긍정적인 분위기 덕분에 새 직원을 구하는 것도 훨씬 수월해졌다. 직원들이 친구와 친척을 소개했고, 구인 광고를 낼 때마다 좋은 지원자들이 몰려들었다. 랩원을 방문한 고객들도 함께 일하고 싶어 했다. 트로이 하트먼은 이런 이야기를 듣기도 했다. "저는 여러 번 고객을 건물 밖으로 바래다주었는데, 이렇게 말한 사람도 있었습니다. '여기는 정말 훌륭한 문화를 갖고 있네요. 혹시 빈 일자리 있나요?'"

톰의 랩원 CEO 임기가 끝나갈 무렵, 랩원은 일하기 좋은 100대 기업 선발대회에 지원 신청서를 제출했다. 아쉽게도 랩원은 두 번의 지원 모두에서 탈락했다. 세 번째 지원 기회를 갖기 전에 회사가 다른 회사에 인수되었지만, 많은 사람이 세 번째 기회가 있었다면 선정되었을 것이라고 생각했다.

결론

방향 유지하기 위해서는 사명을 최우선으로 두는 것뿐만 아니라, 감사를 실천하는 노력도 필요하다. 감사는 막중한 책임에서 오는 스트레스와 중압감에 의해 마모되는 영혼을 지키는 역할을 한다. 톰 헨리, 멕 클랩, 톰 그랜트는 모두 감사의 능력을 알고 있었으며, 각기 다른 상황에서 다양한 방식으로 감사를 실천했다. 이들은 자기 일과 동료를 선물로 받아들이고, 자신이 속한 조직에서 선구적으로 감사를 실천하며, 감사하는 문화를 만들어냈다. 감사를 실천함으로써, 이들의 영혼과 이들이 이끄는 사람들의 영혼이 생기를 되찾고, 그들의 조직이 번창하며, 그들의 고객이 좋은 대접을 받게 되었다.

물음들

1. 어떻게 당신의 일과 동료를 선물로 받아들였나요?

2. 어떻게 선구적으로 감사를 실천해보았나요?

3. 어떻게 감사하는 문화를 만들어보았나요?

06

영혼을 위해 싸우기

1990년대 중반, 필라델피아의 코어스테이츠은행CoreStates Bank의 인사담 당자였던 거스 톨슨Gus Tolson과 CEO는 기업 합병이라는 험난한 도전에 직면했다. 합병은 이미 결정된 일이었고, 거스와 CEO는 합병을 수행해야 했다. 합병으로 인해 수많은 사람이 일자리를 잃게 될 것이라는 사실은 자명했다. 합병을 진행하는 것은 거스와 CEO의 영혼, 뿐만 아니라 해고 통보를 받아야 하는 이들의 영혼에도 상처가 되는 일이었다.

사명을 최우선으로 하는 것과 감사를 실천하는 것은 리더 자신의 일이기도 하지만 동시에 조직의 구성원들과 함께 하는 일이다. 그러나 방향 유지하는 일은 이 일보다 더 많은 것을 필요로 한다. 바로 영혼을 위해 싸우는 일이다. 일이 잘 풀리지 않을 때는 영혼이 상처를 입는 것을 외면하고자 하는 유혹이 강렬해진다. 방향 유지하기는 상황이 풍요로운지 빈곤한지에 상관없이 언제나 충만한 영혼을 갖추고 이끄는 것을 의미한다. 어떻게 하면 리더가 해고, 경기 침체, 합병과 같은 위기 속에서도 영혼을 담아 조직을 이끌 수 있을까? 어려운 상황 뿐 아니라 풍요로운 상황에서도 상처받은 영혼을 외면하고자 하는 유혹이 생기기 쉬운데, 풍요와 쾌락이 주는 편안함이 영혼을 꾀어 안주하게 만들 때, 리더는 어떤 방식으로 영혼을 위해 싸울 수 있을까?

영혼을 위해 싸운다는 것은 영혼을 최우선으로 지켜내는 것을 의미한다. 그것은 리더 자신의 영혼과 리더가 이끄는 이들의 영혼 모두를 돌보는 일이다. 좋을 때나 나쁠 때나, 날마다 또 해마다, 리더는 어떻게 하여 자신의 영혼을 지켜내야 할까? 리더는 방향을 유지하려 애쓰는 가운데 자기 자신의 영혼과 자기 조직의 영혼들을 위해 싸워야 한다. 그렇다면 어떻게 싸워야 할까?

사람을 먼저 생각하기, 상황에 몰입하기, 가치에 충실하기. 이 세 가지가 열쇠다. 이 장에서는 이러한 원칙들 각각을 차례로 살펴보고, 그 원칙을 살아낸 리더들의 삶을 예로 들며 설명할 것이다. 수없이 다양한 환경에서 일해본 인적자원 전문가 거스 톨슨, 더블린에 자리한 도큐먼트 매니지먼트 그룹Document Management Group의 회장 톰 헤페론Tom Hefferon, 더블린에 있는 소피아 하우징Sophia Housing의 설립자 겸 공동 CEO 진 퀸Jean Quinn이 바로 그들이다.

사람을 먼저 생각하기

리더의 영혼, 그리고 리더가 섬기는 사람들의 영혼의 건강함은 리더가 사람들을 대하는 방식, 즉 자기 자신과 직원들 모두를 어떻게 대하는지에 달려있다. 영혼을 위해 싸우는 것은 사람을 먼저 생각해야 가능한 일이다.

거스 톨슨은 인적자원 관리 전문가로 25년을 일하면서 언제나 사람을 먼저 생각했다. 금융 분야, IBM, 제약산업을 거쳐 현재 특수소재 회사에서 일하고 있는 자신의 다양한 경험을 통해 거스는 조직에서 사람을 계속 벼랑 끝으로 밀어내는 데 목숨을 거는 세력들이 있다는 것을 너무나도 속속들이 알게 되었다. 거스는 자신이 맡았던 역할을 통해 각 결정의 사업적 영향뿐만 아니라 그 결정이 사람들에게 미치는 영향까지도 고려할 것을 강조해왔다. 그뿐만 아니라, 그는 회사가 사람들의 품위와 본래 모습을 지켜주는 방식으로 의사소통 해야 한다고 주장했다.

거스는 직장에서 집에서의 자신과 같은 사람이 되는 일, 즉 재미를 추구하고 영적으로 살아가는 자기 본연의 모습으로 직장에서도 일하고자 했다. 특별히 회사가 중대한 사업적 도전에 직면했을 때, 거스는 도전적인 상황 한가운데서 사람을 먼저 생각하기 위해 최선을 다했다.

이 장의 첫머리에 서술된 1990년대 중반 코어스테이츠은행 합병에 직면한 거스는 위기를 마주한 이들을 위한 내부 훈련 프로그램인 코어서치 CoreSearch를 설계하기 위해 회사의 CEO와 협력했다. 이를 통해 직원들은 합병과 인원 감축에 대한 정보를 조기에 전달받았고, 새 일자리를 찾아가는 데 도움이 되는 6개월간의 훈련을 받을 수 있었다.

더블린에 소재한 도큐먼트 매니지먼트 그룹 회장 톰 헤페론은 회사를 이끄는 모든 역할이 사람을 먼저 생각하도록 하기 위해 애썼다. 지난 30

년간 회사의 성장과 변화를 통해 톰은 예측불허의 상황과 단순히 손익 계산만을 문제 삼는 사고가 사람을 먼저 생각하지 못하도록 한다는 것을 알게 되었다.

무엇보다도 가장 먼저, 톰과 회사는 직원과 고객을 가리지 않고 사람을 먼저 생각하는 것에 초점을 맞추었다. 톰은 직원들을 초대해 각 직원들이 개인적으로 중요하게 여기는 가치가 무엇인지를 듣고 이를 정리했다. 이를 통해 톰은 직원들이 자신에게 가장 중요한 가치를 회사에서도 추구할 수 있도록, 그래서 회사에서도 온전히 자기 자신이 될 수 있도록 도왔다. 그 결과, 직원들이 작성한 목록을 통해 직원 개인의 가치가 회사의 가치에도 반영되었다. 톰은 이 작업을 통해 직원들이 직장 생활의 의미와 의의를 얻는 데 도움이 되길 희망했다. 톰은 사람들의 중심에 다가가고, 그들의 가치를 존중하고, 그 가치를 표현할 수 있도록 자리를 마련해주면 직원들의 에너지와 창의력이 펼쳐지게 된다는 것을 발견했다. 그는 이렇게 말한다. "그게 바로 세상을 불타오르게 하는 것이지요."

회사의 가치를 세운 후, 톰은 회사 곳곳에서 그 가치를 실천에 옮김으로써 사람을 먼저 생각하기 위한 노력을 이어나갔다. 채용 과정에서 직원과 회사가 잘 어울리는지를 신중하게 평가하기 위해 더 많은 시간을 투자하기 시작한 것, 트럭 운전사에게 주 4일제(일 10시간) 근무를 적용한 것, 직원에게 생일 휴가를 주는 것과 같은 실천들은 톰이 어떻게 사람을 먼저 생각하는 정책을 이루어냈는지 보여준다. 특히 출산 휴가를 보장하는 것은 어려운 일이었다. 의사 결정자들은 여성 관리자에게 출산 휴가를 줄만한 여력이 없다고 주장했다. 이에 톰은 출산 휴가가 자주 발생하는 것이 아님을 강조하며, 관리자 직급에 오르는 데 성공한 여성은 그 직급에 도달하기까지 남성들보다 더 많은 노력을 했기 때문에 출산 휴가를 위해 투자될 모든 비용을 누릴 가치가 있다고 주장했다.

아일랜드 소피아 하우징의 공동 CEO 진 퀸은 노숙인들에게 집을 찾아주기 위한 도전적인 과업을 진행하며 사람을 먼저 생각했다. 지혜의 딸the Daughters of Wisdom 공동체의 수녀인 진은 자신이 마주하는 각 사람에게서, 심지어는 거리의 혼란스러운 삶에서도 하느님의 모습(지혜)을 찾아야 함을 강조한다. 돌봄에 종사하는 이들은 연민에 따르는 피로와 노숙인과 함께 하는 과정에서 발생할 수 있는 직업상의 위험으로 인한 괴로움으로 인해 이 일을 포기하기도 한다. 또한 노숙인에게 집을 마련해주기 위해 필요한 복잡한 실무 절차는 그 자체로 돌봄 종사자를 압도하여, 자신이 하는 일이 그저 노숙인을 집에 '밀어넣는' 일이라고 생각하게 만들기도 한다. 진은 자기 자신의 영혼을 온전히 지켜내는 것이 바로 본인이 섬기는 이들의 영혼을 위한 것임을, 각 사람을 하느님의 고유한 피조물로 만날 수 있도록 하는 것임을 알게 되었다.

나아가 진은 직원들이 의뢰인을 더 잘 섬길 수 있도록 그들의 영혼을 위해 싸웠다. 그녀는 소피아 하우징 조직 차원에서 사람을 먼저 생각하고 각 직원을 존중했다. 이렇게 만들어진 진정한 관계가 소피아 공동체의 핵심을 형성했다.

상황에 몰입하기

영혼을 위한 싸움을 위해서 리더와 직원 모두는 사람을 먼저 생각하는 동시에 상황에 몰입해야 한다. 계속 펼쳐지는 상황을 직면하지 않으면 리더의 영혼과 조직의 영혼 모두가 잠식될 수 있다.

소피아 하우징의 진 퀸은 본인과 직원과 의뢰인이 마주하는 상황을 주시했다. 무엇보다도 먼저, 그녀는 자기 자신의 영혼을 돌보았다. 진은 일찍이 노숙인들과 함께 일하면서 사람이 얼마나 쉽게 패배감에 젖을 수 있는지, 일이 자기 영혼의 힘을 갉아먹기가 얼마나 쉬운지 배웠다.

> 저는 두려움을 느꼈습니다. 실제로 엄청 겁을 먹고 있다는 것을 인정해야 했어요. 저는 그 사람들이 무서웠어요. 속으로 메스꺼워하고 있는 걸 느꼈지요. 그 사람들을 그다지 좋아하지 않았어요. 그래서 저는 생각했습니다. '음, 난 이 일에 적합하지 않구나'라고요. 이제는 아주 오래된 일입니다.

진은 거리에서 맞닥뜨렸던 문제를 해결하기위한 과정을 정식으로 배우면서 자신이 당면한 상황에서 느꼈던 것들이 잘못되지 않았음을 깨달았다. 이후 그녀는 중독연구에 관한 훈련을 받았고, 중독을 이겨내려는 사람들에게 필요한 것이 무엇이며 자신이 그들을 어떻게 도울 수 있을지 이해하는 법을 배웠다.

진은 자신을 지도해줄 사람을 조직 밖의 사람, 심리학적 훈련과 조직에서의 배경을 모두 갖춘 채 깊은 영적 생활을 하는 사람으로 정했다. 그녀는 지도 과정을 통해 자신의 문제를 외부에서 보는 것이 안전감과 신뢰감을 준다는 것을 알았다. 직장에서 드러나는 자신의 문제들을 해결하는 것은 그녀가 직원과 의뢰인에게 더욱 충실해지고 훨씬 효과적으로 일하는 데 도움이 되었다. 그녀는 외부의 지도가 자기 일을 바라보는 관점을 제공해준다는 것을 배웠다.

> 저는 나무만이 아니라 숲을 보기 위해 제가 있는 이 장소와 거리를 두어야 했어요. 저한테는 이 거리감이 중요했습니다. 나 자신을 위해 지켜야만 하는 약속이었고, 저는 그걸 꼭 지켜야 했어요. 제가 이 조직에 돌아와 일할 수 있으려면 그 공간이 필요했어요.

진은 직원들이 당면한 상황에 몰입했다. 노숙인들과 함께 일하는 사람들이 얼마나 쉽게 소진되는지 아는 그녀는 지속적인 지도를 제공함으로써 직원들의 영혼을 지키기 위해 헌신했다. 그녀는 직원들에게 노숙인과 함께 일하는 현장의 혼란스러운 분위기에서 벗어나 지금 자기 영혼에 어떤 일이 일어났는지 스스로 물어볼 수 있는 기회를 제공했다. 한 예로, 자살을 시도한 여성 의뢰인을 담당했던 직원이 그녀를 병원에 데려가고, 필요한 약물과 정신의학적 도움을 받게 해주고, 퇴원한 뒤 갈 곳이 있는지 확인하는 등 의뢰인의 모든 필요를 충족시켜주기 위해 많은 헌신을 했다는 것을 알게된 진은 이 직원에게 이 일을 하는 과정에서 이 직원의 영혼에 무슨 일이 일어났는지 물어보았다.

그녀는 항상 직원이 괜찮은지를 누군가가 반드시 확인해보도록 한다.

이런 일을 지속적으로 보고 겪는 직원들에게는 무슨 일이 일어날까요? 직원의 영혼에 어떤 일이 생겼는지를 확인하기 위해서는 전화를 하든지, 현장에 누군가가 있어야 해요. 어떤 일이 일어났다는 것이 확인되면 정식 지도와 더불어 후속 조처를 해야 합니다.

도큐먼트 매니지먼트 그룹의 톰 헤페론도 자기 자신과 직원들이 마주하는 상황에 몰입했다. 무엇보다도 가장 먼저, 그는 자기 자신의 영혼을 돌보았다. 아침마다 그는 기도와 성찰을 위한 시간을 가졌고, 종일 짧은 기도문들을 외우며 하느님과의 대화를 지속했다. 또한 일과 삶에서 자신이 이뤄낸 모든 것을 선물로 인식하며, 감사하는 자세를 유지했다. 톰은 자신이 속한 교회를 통해 자신의 영적 뿌리를 튼튼히 만들었다. "제 존재감, 가치감은 교회에서 얻습니다. 식물이 제 뿌리에서 양분을 얻듯이 말입니다." 톰은 오랫동안 자신이 속한 교회의 많은 활동에 참여했으며, 이를 통해 자신이 채워지고 양육을 받는다고 느꼈다. 특히 그는 한창 바쁜 상황에서 피정과 영적 지도와 같은 보다 체계적인 영적 활동이 긍정적인 영향을 준다는 것을 알게 되었다. "저는 어려운 상황을 마주했을 때, 사람을 먼저 생각하게 되는데 이는 영적 활동의 영향이라고 생각합니다. 저는 나쁜 사람은 없다고 믿어요. 나쁜 행동만이 있을 뿐입니다. 하느님께서 세상 가운데 계신다는 믿음이 제게 이러한 관점을 제시해줍니다."

도큐먼트 매니지먼트 그룹은 직원에게 하는 만큼 그 직원이 고객에게도 만족을 줄 수 있다는 믿음을 기반으로 직원들이 당면하는 상황에 몰입했다. '사람을 통한 최선Excellence through People' 계획이 그 예이다. 이 계획은 직원들이 직장에서 자신이 할 수 있는 최선을 다할 수 있도록 회사가 필요한 것을 제공하고, 직원에 대한 존중과 업무에 대한 기대를 분명하게 전달할 것을 약속했다. 또한 회사는 관리자들의 대인관계 기술 강화를 돕기 위해 지속적인 코칭을 제공했다. 톰은 '주는 것이 가장 좋은 형태의 받는 것'임을 믿으며, 자신과 고위 경영진이 이 원칙을 실천함에 따라 중간 관리자와 일선 직원들도 똑같은 원칙을 실천할 것이라고 믿었다.

거스 톨슨도 자신과 직원들의 상황에 몰입했다. 거스에게 최우선으로 중요한 것은 자기 자신의 영혼에 대한 돌봄이었다. 그는 힘든 직무를 수행해나가기 위한 힘을 본인의 신앙에서 발견했다. "저는 두 가지 원천을 통해 힘을 얻습니다. 바로 주님과 세상에서 가장 좋은 책인 성서입니다."

톨슨은 새로운 관점을 가지고 직장으로 돌아가기 위해 신앙 안에서 자신의 기초를 다졌다. 그는 성서를 읽으며 시간을 보내는 일이 자신의 영혼에 생기를 되찾아주고 자신의 가치를 되찾게 한다는 것을 알게 되었으며, 교회 멘토에게 지혜를 청하는 것도 그가 하느님과 연결되어 자신의 신앙을 직장에서의 도전들과 연관시키는 데 도움이 되었다.

거스의 회사는 성별이나 민족에 기반한 네트워크 모임의 구성은 장려했지만, 종교에 대해서는 그렇지 않았다. 그는 회사의 종교에 대한 정책을 존중했다. 그래서 그는 사무실에 성서를 두지 않았고, 직장에서 자신의 신앙에 대해 드러내놓고 말하지 않았다. 하지만 그는 온전한 자기 자신으로 있을 때 일이 더 잘 된다는 것을 알고 있었다. 온전한 자기 자신이 되는 것은 일터에 적합한 방식으로 신앙을 실천하는 일을 의미하는 것이

기도 했다. 직장에서 중심을 다잡아야 할 때, 톨슨은 사무실 문을 닫고 기도한다. 힘겨운 회의나 직원과 관련된 어려운 상황에 직면하고 있을 때, 기도를 위한 잠깐의 시간은 그가 필요로 하는 지혜와 연민을 준다. 거스는 이렇게 말한다. "가끔 회의 중에 저는 두 눈을 감고 주님께서 저를 인도해주시기를 간청했어요." 그는 기도가 자신의 관점을 전환해주고 이전까지 보지 못했던 나아갈 길을 드러낸다는 사실을 알았다.

기도하는 시간 뿐 아니라, 거스는 직장에서 영적인 사람들과 연결되는 것이 자신에게 도움이 된다는 것을 발견했다. "우리는 일터에서 신앙에 관한 이야기를 하지는 않습니다. 그렇지만 철학적으로나 영적으로나 서로 이미 맞춰져 있기에, 함께 점심을 먹으러 가는 것만으로도 연결점이 생기고 에너지를 얻습니다." 거스와 동료들은 신앙에 관한 이야기를 하지 않아도 이미 공통분모가 있음을 감지했고, 이를 기반으로 서로를 도우며 의지하게 되었다.

거스는 회사에서 자신의 신앙을 감추어야 할 필요가 없음을 되었다. 직장에서 시간을 내어 기도하고 영적인 사람들과 연결되는 시간을 가지는 것은 그가 온전한 자기 자신으로 일하는 것이며, 결과적으로는 회사에 도움이 되었다.

거스 톨슨은 그가 설계를 도운 코어서치 훈련 프로그램을 통해 이직 시기를 놓친 직원들의 상황에 몰입했다. 이 프로그램에 참여한 직원들은 6개월간 매일 출근해 새로운 직업기술을 익히는 데 힘을 쏟았다. 또한, 새로운 분야에 대한 전문지식을 얻기 위한 훈련을 받는 과정에서 일시적으로 사업의 다른 부분에서 근무하기도 했다.

거스는 코어서치를 설계하면서 과도기에 놓인 사람, 즉 회사로부터 새로운 일자리를 찾아야 할 것이라는 이야기를 듣게 될 이들을 이해하기 위해 인적자원 관리 전문 업체의 조언을 받았다. 회사는 이들이 자신을 긍정할 수 있는 환경을 만들고자 했다. 그래서 이 과정은 회사의 필요보다는 개인의 필요를 중심으로 설계되었다. 거스는 이렇게 말한다. "빠르고 효율적인 방식으로 일을 처리하기 위해 모든 이들을 고려하지 않고 단지 회사만 생각했다면 쉬웠겠지요." 그러나 회사는 효율을 택하지 않았다. 거스는 이 프로그램을 통해 과도기에 있는 이들에게 사무실 공간을 제공하고 이렇게 말했다. "여러분은 여러분의 것이라고 부를 수 있는 공간을 여전히 가지고 있습니다. 우리는 여러분이 거기서 미래를 그려내고 그것을 여러분의 것으로 만들어내길 바랍니다. 이 과정에서 여러분은 계속 급여를 받을 것이며, 그렇기에 평소처럼 업무 보고도 계속하셔야 합니다."

이 프로그램은 결과적으로 84%의 취업알선율을 달성했다. 많은 직원이 감사의 마음을 표현했다. "저를 온전히 지켜주고자 여러분이 보여주신 수고와 노력에 감사드립니다." 프로그램을 통해 일자리를 바로 얻지 못했던 직원들은 다른 기회를 제공받았다. 많은 이에게 비극을 초래할 수도 있었을 합병은 그의 몰입 덕분에 새로운 기술을 배우는 것을 통해 성취감을 얻고 새로운 시작을 할 수 있는 기회가 되었다.

가치에 충실하기

리더와 조직 영혼의 건강은 얼마나 가치에 충실한가에 달려있다. 거스 톨슨은 자신과 회사가 지지하는 가치를 지키며 자신과 조직 구성원들의 영혼을 위해 싸워왔다.

거스는 일자리를 찾을 때 자신의 가치와 가치가 일치하는 기업을 찾았다. 인적자원 분야에서 일한 25년간, 거스는 지속가능성, 지역사회 연계 강화, 청렴성, 다양성, 그리고 위에서 언급한 바와 같이 사람을 먼저 생각하는 조직에서 일하고자 노력해왔다.

지속적으로 가치에 충실하기는 쉬운 일이 아니다. 거스는 다양한 분야에서 끊임없는 도전에 직면했다. 그는 조직 구성원들을 최고의 음악을 선사하기 위해 다양한 악기들이 함께 연주하는 오케스트라에 비유한다. 현재 거스는 롬앤하스Rohm and Haas의 북미 인력 담당 이사로 활동하면서 자신을 오케스트라 지휘자로 여긴다. 거스는 다양한 인력을 채용하겠다는 목표를 세웠다. 그래서 소수민족처럼 주류가 아닌 사람들 중에서 팀원을 찾았다. 그러나 이에 대한 불평이 많았다. "소수자 정체성을 가진 엔지니어를 찾는건 불가능합니다. 그런 사람이 존재하지 않는다니까요." 거스는 자신이 회사에 다양성을 핵심 가치로 세우는 것의 적임자임을 알았다. 그는 북미지역 화학박사 중 3%만이 아프리카계와 히스패닉계 미국인이지만, 반대로 생각하면 3%밖에 되지 않기 때문에 오히려 이 사람들을 채용하는 일이 더 쉽다고 보았다. 거스는 자신의 채용 방식에 대한 지적에 이렇게 대답했다.

저는 이렇게 말하곤 합니다. '좋아요, 당신이 사람을 찾는 것을 그만둘 수 있어요. 그런데 더 노력하기를 선택할 수도 있죠.' 사람들은 소수자 정체성을 가진 이가 별로 없다고 말함으로써, 이들을 찾아낼 수 있는 자신들의 능력에 스스로 먹구름을 덮어버립니다. 제가 이렇게 말하지 않는다면, 족히 스무 명도 넘는 이 일을 하는 이들은 바로 사람 찾기를 중단하고 이렇게 말하겠지요. '그래, 역시 공학을 전공한 여성이나 화학을 전공한 소수자를 채용하려 해서는 안 되는 거야.'

거스는 사회적 소수자를 채용하기 위한 끝없는 싸움에 지치기도 하지만, 회의실 안에서 이 문제를 이해하는 사람이 자신뿐임을 알고 있었다. 그렇기에 그는 자신이 목소리를 높이지 않으면 다른 이들을 일깨울 기회가 날아가 버릴 것이라고 느꼈다. "제가 다른 모든 이들의 대변자로 너무나 자주 선택받는 유색인종이어서 더 그렇게 됩니다. 저는 경영진에서 몇 안 되는 사람 중 한 명으로서, 아프리카계 미국인 대표자로서 이야기합니다." 거스는 끊임없이 문제를 제기한다. "3%를 채용하기 위해 우리는 무엇을 하고 있습니까? 사회적 소수자 후보의 마음에 들려면 우리 문화를 어떻게 바꿔야만 할까요?" 거스는 싸움에 지칠 때, 인내할 힘과 옳은 것을 거리낌 없이 말하며 진실을 지켜갈 힘을 달라고 기도한다.

오케스트라를 위한 다양한 악기를 모으는 일도 도전이지만, 모은 악기들에서 소리를 끌어내는 일도 마찬가지로 도전이다. 거스는 회의를 진행할 때 모든 목소리를 끌어내는 일에 몰입했다. 단일한 관점이 회의를 좌우하면 인종, 민족, 출신 국가, 성별, 학력이 서로 다른 사람들을 고용하여 얻어진 관점의 다양성은 상실되기 때문이다. 거스는 회의에서 사고의 다양성을 추구했다. 그는 모두에게 안전한 공간을 만들어주고 침묵하는 사람들이 자신의 관점을 표현해보도록 권했다.

톰 헤페론은 자신의 회사가 가치를 상실했던 경험을 통해 가치에 충실한 것이 얼마나 중요한지를 배웠다. 2005년, 톰은 도큐먼트 매니지먼트 그룹의 전무이사에서 대표이사가 되었다. 그러나 그 후 2년 동안, 회사는 길을 잃었다. 톰은 회사가 허우적거렸던 일을 나무만 보고 숲을 보지 못한 자신의 무능력 탓으로 돌렸다. 회사는 이 과정에서 운영 상의 문제에 직면했고, 추구해야 하는 가치에서 멀어져 버렸다. 상황을 인식한 톰은 자신의 과제가 회사의 가치를 회복하고 원활한 운영방안을 세우는 것임을 알게 되었다.

2003년과 2004년에 DMG는 아일랜드에서 일하기 가장 좋은 5대 기업 중 하나로 선정되었다. 게다가 2003년에는 동지애 분야에서 1위로 지명되는 부가적인 영예도 얻었다. 지난 15년간 존중, 창의성, 동지애의 가치는 회사를 당시의 모습으로 만드는 데 중요한 역할을 해왔다. 그러나 2005년까지 몇몇 기업 대 기업 서비스 제공회사를 합병하는 과정에서 DMG는 여러 기업가가 이끄는 작은 회사들의 집단에서 전문적으로 경영되는 단일 기업으로의 전환이 필요해졌다. DMG를 구성하는 회사들의 공동창업자인 톰과 그의 동업자는 회사의 경영을 전문가에게 넘겨줄 때가 왔다는 것을 알았다. 함께 모인 톰, 동업자, 이사회는 가치와 사명에 관한 큰 그림 안에서 연속성을 유지하기 위해 톰을 대표이사로 추대했으며, 전문경영인에게 일상적인 운영을 맡기기로 했다. 또한 톰과 그의 동업자는 다른 많은 사업가와 마찬가지로 자신들에게도 전략기술이 부족함을 깨달았고, 전략 책임을 대리시키기 위해 새 전무이사를 임명했다.

전문경영과 전략개발에 대한 능력을 인정받아 선발된 새 전무이사는 이사회에 본인은 DMG의 가치를 따라 일하고 있다고 장담했다. 그러나 시간이 지나면서, 그가 가치를 케이크 위의 장식 정도로 여긴다는 사실, 일이 어려워질 때는 가치를 잊어버린채 회사를 운영한다는 사실이 드러났다. 그는 다른 이득을 위해 회사의 가치를 희생시켰고, 자신이 느끼기에 불편한 가치는 바꿔버렸다. 예를 들면, 그는 말로는 의사결정과정에 모든 목소리를 반영해야 한다는 DMG의 가치에 중요성을 부여했지만, 실제로는 일방적으로 통제하는 방식으로 회사를 운영했다. 이로 인해 회사를 알려지게 했었던 활기차고 창의적인 분위기는 서서히 악화되어 갔다.

그렇게 회사는 점점 더 제대로 기능을 하지 않게 되었고, 전무이사는 손해를 만회하기 위해 갈수록 강압적으로 변해갔다. 톰은 자신과 동업자가 경영에서 완전히 손을 떼지는 않았으니 본인들도 일정부분 책임이 있다는 사실을 깨달았다. 새 전무이사를 세운 것은 실패에 가까웠다. 2006년 말, 전무이사와 이사회는 전략을 놓고 충돌했고, 그 여파로 전무이사가 떠났다. 한편 DMG는 2005년에 가장 좋은 기업 상위 10위권에서 탈락했고, 2006년에는 50위권 밖으로 완전히 밀려나 바닥을 쳤다. 실제로, 가장 좋은 기업을 선정하는 과정에서 한 부분을 차지하는 설문지에 응답한 수많은 직원은 DMG에 출근하는 것을 더 이상 좋아하지 않는다고 시인했다.

깊은 자기 성찰과 더불어, 톰과 다른 이사회 구성원들은 엉킨 실뭉치를 풀기 시작하며 이렇게 자문했다. "뭐가 잘못된 거지?" 자신들이 기업가적 사고방식에서 전문경영 사고방식으로 완전히 전환하지 않았음을 깨달은 톰과 그의 동업자는 이사회에 자신들의 실수를 인정했다. 톰은 또한 조직심리학자의 도움을 받아 DMG가 잘못 접어들었던 자리들과 방향을 되찾기 위해 걸어야만 하는 길들을 확인하는 동시에, 기업가가 이끄는 회사가 전문경영 체제로의 전환을 이루는 방식에 관해 이야기하는 문헌들에 몰두했다. 톰이 깨달은 것처럼, "개인이 정신적으로 불안정해질 수 있듯이, 조직도 행동 방식에 있어 불안정해질 수 있습니다. 그게 바로 우리의 모습이었습니다."

회사가 심리학적으로 행동 방식에 있어 불안정해졌다면, 영적으로 그것은 죄에 빠진 것이다. 톰은 생각에 잠겨 말했다. "우리가 얼마나 완전히 길을 잃을 수 있는지 알고 놀랐습니다." 회사의 영혼을 위한 싸움 가운데 그는 가치를 재표명하는 일에, 더 중요하게는, 회사가 다시 제 영혼을 믿도록 하는 일에 집중했다. 회사의 중핵이 되는 가치는 각각의 상호관계에 주목하면서 '일, 가치, 건강과 행복'으로 재표명되었다. '일'은 직원에게 좋은 일자리를 제공하는 동시에 그들에게 좋은 성과를 기대하는 것을 뜻하며, '가치'는 직원이 스스로 느끼는 자기 가치와 회사가 직원에게 창출하기를 요구하는 가치 모두를 의미했다. '건강과 행복'은 직원 한 사람이 느끼는 건강과 행복만이 아니라 회사의 건강과 행복, 채산성 및 여타의 것들에 대한 직원의 공헌을 의미했다. 톰은 최근 회사 회의에서 이렇게 설명했다. "여러분의 가치는 여러분을 인도하는 빛입니다. 대혼란에 빠졌을 때 여러분을 인도해줄 수 있는 것은 오직 가치뿐입니다." 톰은 어려워지는 시기에 가치를 내팽개치기보다는 관리자들이 다림줄로서의 가치에 의지하기를 촉구했다.

마침내 2007년 여름, DMG의 가치에 깊이 공감했던 부장 한 사람이 전무이사직을 맡았고, 회사는 회복을 향한 길고 느린 등정을 시작했다. 톰과 새 전무이사는 의사결정 권한을 직원들의 손에 돌려놓기 위한 노력의 일환으로 상향식 전략기획을 도입한 뒤, 내년도 예산 수립 과정을 진행했다. 윗사람들이 미리 정해진 예산 내에서 달성해내라고 직원들에게 요구할 바를 결정하는 것은 저항을 불러오는 접근방식인데, 회사는 그렇게 하지 않고 자기 목표를 달성하게끔 해줄 예산안을 직원들이 직접 설계하도록 했다. 톰은 상향식 접근방식을 사용하면 많은 경우 직원들이 과도한 목표를 세우기 때문에, 오히려 목표를 낮추도록 고위관리자들이 직원들을 도와줘야만 한다는 것을 알게 되었다.

DMG의 몰락과 뒤이은 회복은 최고 정점에 오른 회사조차 여전히 유혹과 기능 고장에 빠지기 쉬울 수 있다는 사실의 증거가 된다. 리더는 반드시 조금도 방심함 없이 자기 영혼과 자신이 이끄는 조직의 영혼을 위해 싸워야 한다.

소피아 하우징의 진 퀸은 가치에 충실하기의 중요성을 알고 있었다. 소피아를 설립하기에 앞서, 진은 노숙인들이 집 구하는 것을 도와주며 거리에서 수년간 일했다. 그들에게 집을 찾아주고 6개월이 지나면, 진은 다시 거리에 돌아와 있는 같은 사람들을 보게 되었다. 그들이 안고 있는 핵심적인 문제가 다루어지지 않았기 때문이다. 이러한 상황에 좌절감을 느낀 그녀는 소피아 하우징을 설립하여 노숙 생활에 대한 보다 전인적인 접근방식에 몰입했다. 그녀는 자신이 섬기고 있던 사람들의 물질적인 필요만이 아니라 가장 깊은 차원까지도 보살피기를 원했다.

소피아의 핵심 가치인 이 전인적인 접근방식에 충실하기가 늘 쉽지만은 않았다. 예를 들면, 진은 소피아가 짓는 각 주택단지의 중심 위치에 지혜센터Wisdom Centre를 갖추어두는 데 몰입했다. 진이 생각한 지혜센터는 성찰이나 기도를 위한 공간, 경쟁을 벗어나 영혼을 양육할 치유의 장소를 제공하는 곳이었다. 첫 건물에 대한 건축가의 계획안이 돌아왔을 때, 지혜센터 건축을 위해서는 120만 달러의 추가 비용이 필요했다. 비용에 대한 이사회의 항의에도 불구하고, 진은 몸뿐만 아니라 영혼도 양육한다는 소피아의 핵심 가치에 흔들림 없이 계속 충실했다. 그래서 지혜센터 건립 계획은 반려되지 않았다.

전인적인 접근방식을 유지하는 핵심 가치에 충실한 결과, 이는 진이 의뢰인들과 직원들의 영혼을 위해 싸우는 데 도움이 되었고, 결과적으로 그녀는 더 효과적인 조직을 만들어낼 수 있었다. 나아가, 전인적인 접근방식은 그녀가 자기 영혼을 위해 싸울 이유가 되었다.

제 여정은 아주 오래전에 집 없는 사람들과 함께 일하면서 시작되었습니다. 지도를 받게 되면서, 저는 제 인생에 다뤄본 적 없는 문제들이 있음을 알아차리고 온전한 모습의 세상을 발견하는 가운데, 저 자신이 너무나 집 없는 사람임을 깨달았습니다.

전인적인 접근방식은 진의 가장 깊은 자기, 직원들의 가장 깊은 자기, 소피아에서 도움을 받는 의뢰인들의 가장 깊은 자기를 양육해왔다. 전인적인 접근방식에 관해 진과 직원들은 다음과 같은 사실을 발견하고 놀라워했다. "그건 저 바깥에 있는 사람들을 위한 게 아니에요. 우리 모두를 위한 겁니다."

결론

풍요와 빈곤에 상관없이 언제나 똑같이 방향을 유지하기는 쉽지 않다. 풍요는 풍요대로, 빈곤은 빈곤대로, 양극단에서 일어나는 유혹 사이에서 리더는 자기 영혼과 자신이 섬기는 이들의 영혼을 위한 싸움에 직면한다. 거스 톨슨, 톰 헤페론, 진 퀸은 수많은 도전 가운데서도 모두 사람을 먼저 생각했고, 계속 펼쳐지는 상황에 몰입했으며, 자신들의 가치에 충실했다. 그들은 영혼을 위해 싸우기를 반복했고 자신들의 노력이 조직의 사기, 청렴성, 평판 면에서 성과를 거두는 것을 보았다. 방향을 유지하기 위한 필수요소인 영혼을 위해 싸우기는 강화된 리더, 깊어진 영혼, 튼튼해진 조직을 낳는다.

물음들

1. 당신은 당신이 이끄는 모임에서는 어떤 방식으로 사람을 먼저 생각하나요?

2. 당신은 당신의 영혼과 당신이 이끄는 이들의 영혼들이 겪는 상황에 어떻게 몰입하나요?

3. 당신은 어떻게 가치에 어떻게 충실하나요?

제3부

끝까지 인내하기

07

폭력의 순환 끊기

1995년 12월에 아파르트헤이트가 철폐된 뒤, 데스몬드 투투Desmond Mpilo Tutu 대주교는 남아프리카공화국의 진실과화해위원회Truth and Reconciliation Commission 위원장으로 지명되었다. 아파르트헤이트는 철폐되었어도 남아프리카공화국에는 구체제 하에서 범죄를 저지른 가해자들을 어떻게 처벌할지를 합의해야 하는 문제가 남아있었다. 보복적 정의를 실현하기 위해서는 많은 재정이 필요했고 이는 안그래도 부족한 국고에 부담이 되었다. 승자와 패자로 사회가 양분되는 역효과도 낳을 가능성이 있었다. 반면 무조건적 사면은 피해자들을 인정받지 못한 채로 남겨두어 사실상 그들을 다시 희생시킬 것이었다. 이런 상황에서 사회가 앞으로 나아가기 위해서는 어떻게 해야 했을까? 결국 남아프리카공화국은 독립을 이루었다. 남아공의 리더들은 어떻게 해서 끝까지 인내하며 엄청난 혼란 속에서도 안정된 정부를 이룩할 수 있었을까?

충만한 영혼으로 이끌며 나아갈 길을 선택하는 리더, 끝내 방향을 유지하려는 리더들은 결국 끝까지 인내할 것이냐는 물음에 직면해야 한다. 리더가 영혼의 길 위에서 더 다가설수록 이 물음은 더 중요해진다. 리더들이 (8장에서 논의될) 여정의 후반부를 이해하고 수용하려면, (9장에서 논의될) 영적 지도를 추구하려면, 폭력을 해석하고 매듭지으려면 '끝까지 인내'할 줄 알아야 한다. 영혼이 충만한 리더는 폭력의 순환을 끊어내는 법을 익혀야만 한다.

폭력은 전쟁 중인 국가나 포위된 게토들에서나 발생하는 예외적인 것이 아니다. 실상 폭력은 국가, 가정, 조직을 막론한 모든 제도 속에 도사리고 있다. 리더에게 주어지는 물음은 '폭력을 맞닥뜨릴 것인가 아니면 피할 것인가.'가 아니라 '어떤 식으로 폭력과 마주할 것인가.'이다.

충만한 영혼을 갖추고 사람들을 이끌어 가며 깊고 지속적인 변화를 만들기 위해 끝까지 인내하는 리더는 결국 폭력에 직면해야 하고 자신만의 방식으로 폭력에 대응해야 한다. 이 장에서는 폭력의 순환을 끊어내는 세 가지 측면인 측은히 보기, 순환 고리 끊기, 용서하기를 검토할 것이다. 이를 실천한 세 리더의 사례를 검토하면서 말이다. 남아프리카성공회Anglican Church in South Africa의 대주교 데스몬드 투투, 오리건주 포틀랜드에 자리한 로드카페자매회Sisters of the Road Café의 공동설립자 제니 넬슨Genny Nelson, 필라델피아시 도로환경국장 클라레나 톨슨Clarena Tolson이 바로 그들이다.

측은히 보기

폭력의 순환 끊기는 측은히 보기와 더불어 시작된다. 폭력의 순환을 끊고자 하는 이는 먼저 마음의 눈으로 보아야만 한다. 연민을 통해 폭력은 변화된다.

데스몬드 투투에게 있어 측은히 보기는 기도에서 비롯된다. 기도는 이전에 그의 사역을 뒷받침해주었듯 진실과화해위원회에서의 과업에도 버팀목이 되어 주었다. 진실과화해위원회가 분열된 나라의 통합을 향해 일하기 시작하자, 데스몬드 투투는 하느님이 힘이 되어주시고 인도해주시기를 바라며 하느님께 의지했다. 그는 자주 규칙적으로 기도했으며, 이러한 기도를 통해 모두를—피해자와 가해자 모두를—연민의 눈으로 바라볼 수 있었다. 투투는 단언했다. "침묵과 명상이 없었다면, 그것도 꽤 많은 양의 침묵과 명상이 아니었더라면, 저는 살아남지 못했을 겁니다. 우리 각자에게 주어지는 인생의 과제는 거의 언제나 우리의 타고난 능력치 이상을 요구하는 듯합니다. 많은 경우 우리가 직면한 문제나 위기는 곧 우리를 압도해버릴 것처럼 보이지요. 우리의 힘으로 이에 맞설 방법은 없습니다."그는 홀로 기도했을 뿐 아니라—특히 정말 어려운 시기에—다른 사람들에게 자신을 위해 기도해달라고 부탁하곤 했다.

그런 시기에 자신이 멋진 친교, 멋진 몸의 지체임을 아는 것은 정말 좋은 일입니다. 나 자신보다 훨씬 더 거룩한 사람들, 나로서는 전혀 느끼거나 체험하고 있지 않은 감정과 열정의 깊이를 가지고 하느님을 예배할 수 있는 이들이 있습니다. 우리는 예배와 흠숭의 이러한 흐름과 이어져 있습니다. 우리가 해야만 하는 일이라고는 그 흐름에 자신을 내던지는 것뿐이고, 그러면 우리는 그 흐름을 타게 됩니다. … 남아프리카공화국에서 진실과화해위원회를 처음 시작하면서, 저는 세계성공회협의회 사무총장에게 편지를 보내 가능하면 우리 교회에 속한 세계의 종교 공동체에 이러한 요청을 전해달라고 부탁했습니다. "이 대담한 기획을 위해 기도해주십시오."라고 말이지요.

진실과화해위원회를 설립함으로써 남아프리카공화국은 보복적 정의 아니면 무조건적 사면이라는 양자택일을 넘어 제3의 길을 택했다. 가해자들이 자신의 범죄 사실을 완전히 드러내는 대신 사면을 받을 수 있도록 함으로써 회복적 정의를 택한 것이다. 위원회의 리더들은 어려운 과업을 수행해나가면서 연민을 가지고 보는 법을 익혀야만 했다. 18개월 동안 위원회는 피해자뿐만 아니라 가해자에게도 귀를 기울이면서 끊임없이 경청했다. 투투는 이렇게 말한다.

위원회에 있던 우리는 인간이 빠져들 수 있는 타락의 깊이에 대해 정말 끔찍한 충격을 받았습니다. … 우리는 죄인에 대한 연민을 머금은 채 죄를 미워하고 규탄하기 위해 행위와 가해자, 죄인과 죄를 구별해야만 했습니다.[1]

투투는 양편의 가해자들에게 연민의 손길을 뻗기 위해 있는 힘을 다했고, 그 과정에서 그의 마음은 더욱 커졌다.

---

1 Desmond Tutu, *No Future without Forgiveness* (New York: Doubleday Image, 1999), 83. [용서 없이 미래 없다, 홍성사]

오리건주 포틀랜드의 노숙인을 위한 카페이자 공급원이며 지역사회 조직센터인 로드자매회Sisters of the Road의 공동설립자 제니 넬슨은 포틀랜드의 노숙인쉼터인 에버렛거리봉사원Everett Street Service Center에서의 근무 첫날부터 측은히 보는 법을 배워야 했다. 쉼터에 온 사람들의 이야기에 귀를 기울이면서, 제니는 새로운 눈으로 그들을 보고 연민을 가지고 그들을 바라보기 시작했다.[2] 그들은 그녀가 자신들의 입장에 서보기를 촉구했다.

> 그분들은 저희가 사회구제시설과 무료급식소에서 직접 먹어보길 거듭해서 권하셨어요. 그래서 실제로 먹어보았지요. 그렇게 해보지 않았더라면 자매회에는 뭔가가 빠져있게 됐을 겁니다. 저희가 알던 분들, 이 지역사회의 구성원분들과 함께 그런 상황에 있어 보는 것은 아주 겸허해지는 경험이었습니다.[3]

그녀와 자매회의 공동설립자 샌디 구치Sandy Gooch는 사회구제시설과 무료급식소를 반복적으로 방문함으로써 지나치게 조직적이고 비인격화된 급식이 지닌 위험을 발견했다.

> 정말 많은 사회구제시설과 무료급식소가 너무나도 제도화되어 있습니다. 사람들은 서로 대화를 나눌 수 없었어요. 친구 및 가족과 함께 빵을 떼는

---

2 제니 넬슨의 형성기에 대해 더 알아보기 위해서는 *Soul at Work*, 2장과 3장을 보라.

3 *Quarter Century of Our Collective Humanity: Sisters of the Road, 1979-2004* (로드자매회에서 25주년을 기념해 자체적으로 제작한 소책자), 17-18.

일은 관계를 쌓고, 감정을 북돋고, 서로에게 일어난 새로운 일들을 알아가는 복합적인 행위입니다. 식사 중에 그런 종류의 마법이 일어납니다. 샌디와 마찬가지로 저도 정말 부끄러운 기분이 들더군요.[4]

어느 날 제니에게 중요한 전환점이 찾아왔는데, 그녀는 추운 아침에 자신이 섬겨왔던 사람들과 나란히 긴 줄을 서서 기다리고 있었다. 사회구제시설 한 곳에서 주는 아침 식사를 받기 위해서였다. 마침내 그녀의 그룹이 입장했다. 식사 전 반드시 들어야만 하는 설교가 끝나자 그들은 오래되어 거의 형체를 알아볼 수 없게 된 아이스크림을 아침 식사랍시고 대접받았다. 제니는 바로 그때 그 곳에서 사람들이 품위 있게 식사할 수 있는 환경, 일하거나 값을 지불하고 영양가 있는 따뜻한 식사를 할 수 있는 장소를 제공하기로 결단했다.

제니는 샌디 구치와 함께 여성 노숙인들이 처한 특정한 곤경에 귀를 기울이면서 측은히 보는 법을 배워나갔다. 제니는 이 여성들이 무엇보다도 안전한 장소를 간절히 원한다는 것을 알게 되었다. 제니는 여성 노숙인들이 강도, 구타, 강간, 폭력을 당한 이야기를 반복해서 들어야했다. 거리는 안전하지 않았다. 그나마 여성을 위해 뭐라도 갖춰 놓은 곳에서 한 일은 여성을 위해 작은 구역을 지정해 둔 것 뿐이었다. 쉼터는 안전하지 않았다. 화장실조차 안전하지 않았다. 제니와 샌디는 노숙인, 특히 여성과 어린이를 위해 안전한 장소를 세우는 일에 몰두했다. 바로 로드카페자매회였다.

---

4 같은 책, 18.

나아가 제니는 자매회의 직원들을 감독하면서도 측은히 보는 법을 배웠다. 많은 직원이 처음에는 손님으로서 문을 열고 들어왔던 이들이었기 때문에 그들에게는 직원에게 필요한 자질을 배우는 시간이 필요했다. 로드자매회에서는 연민과 책임이 함께 간다. 카페는 실수하더라도 사랑받는 곳, 실수하더라도 최선의 자기 자신이 될 수 있는 곳으로 알려져 있다. 제니는 자매회 직원들에게서 연민과 책임이 통합되는 방식을 성찰하며 다음과 같이 말했다.

> 누군가 부적절한 행동을 하면 우리는 못 본 척하지 않아요. 감독자가 그 직원과 함께 앉아 이렇게 말할 테지요. "있잖아요, 이런 행동을 하시면 안돼요. 바꿔어야만 해요. 그러니 자매회가 당신을 어떻게 도우면 좋을지 말해 주세요. 저도 당신이 해야 하는 일에 대해 이야기할테니까요. 그리고 다음 주쯤에 점검해봅시다."

부적절한 행동이 지속되는 경우 자매회는 투명하게 공개되어 있는 단계별 과정을 따른다. 드물지만 그 과정 끝에 해고가 되기도 한다. 해고는 피차 힘든 일이지만, 해고된 직원이 훗날 그 일을 회고하며 그 과정을 두고 고마워하는 일도 드물지 않게 일어난다.

> 아 물론 그곳을 떠나야 한다고 했을 땐 정말 화가 났지요. 하지만 이후에 자매회가 저를 어떻게 대해 주었는지를 생각해보게 되었어요. 그 과정은 모든 직원에게 똑같이 적용되었죠. 이제는 그 결정을 이해해요. 그들은 제

게 진실을 말해주었던 거에요. 자매회는 제가 일해본 곳 중 가장 좋은 곳입니다.

제니에게 측은히 보기는 새로운 종류의 관계를 위한 토대, 궁극적으로는 폭력의 순환을 끊기 위한 토대가 되어준다.

클라레나 톨슨에게 있어 측은히 보기는 기도에서 비롯된다. 데스몬드 투투 대주교가 국제적인 규모에서 연민을 품고 사람들을 이끌어가고 제니 넬슨이 거리에서의 삶 한복판에서 연민을 품고 사람들을 이끄는 동안, 클라레나 톨슨은 시 정부의 구체적인 일상 속에서 연민을 가지고 조직과 사람을 이끄는 법을 배웠다. 필라델피아시 도로환경국장으로서, 클라레나는 자신의 보고를 받는 시장, 시의회와 동료 국장, 그녀가 책임지고 있는 2천여 명의 부서 근로자들, 그녀가 만나는 모든 이를 향해 연민의 마음을 품게 되길 기도한다. 시의 정치적 갈등 한복판에서 클라레나는 연민을 가지고 그 모든 일과 사람을 바라보려 한다. 이는 그러한 갈등의 분위기를 변화시키는 토대가 되어준다.

일터의 분위기를 변화시키는 일은 모든 이를 존중하는 데서 시작된다. 클라레나는 그녀가 담당 부서의 모든 근로자를 존중할 수 있기를 위해 기도한다. 도로환경국의 업무는 대부분 쓰레기 수거에 집중되어 있다. 클라레나는 이 업무 고유의 자부심에 초점을 맞춘다.

저는 우리 직원들에게 우리의 직업과 우리가 실제로 하는 역할이 얼마나 명예로운 일인지에 대해 자부심을 심어주려고 합니다. 우리는 그저 쓰레기를 치우고 있는 게 아니에요. 학교에 가는 아이들과 거리를 배회하는 어르신들께 안전한 환경을 제공하는 것이죠. 우리가 쓰레기를 모으든, 배수로를 파든, 다리를 설계하든 각 업무에는 고유의 전문성, 존경할만한 점, 책임이 있습니다. 그러한 책임을 맡는 것은 하나의 명예입니다.

존중하며 측은히 보기를 통해 그녀는 부서를 잘 섬길 수 있다. 은밀히 숨겨진 갈등 혹은 드러난 갈등 속에 있을 때는 더욱 그렇다.

순환 고리 끊기

연민을 가지고 보는 법을 배웠다면 이제 리더는 궁극적으로 폭력의 순환을 끊어내야 하며 폭력을 중단시켜야 한다. 클라레나 톨슨은 명백한 갈등과 폭력이 일어나는 곳에서뿐 아니라 시 정부의 일상생활에도 이러한 원칙이 적용된다는 사실을 발견했다. 이를테면 시의회가 열리기 전에 부서별 예산안 공청회가 열리는 자리처럼 일상적인 자리에서도 정치적 갈등은 은근하게 표출되곤 했다. 클라레나는 불에 불로 맞서 싸우기보다는, 갈등의 순환을 중단시키려 애썼다. 클라레나는 예산안 처리에서의 도전에 관해 다음과 같이 말했다.

저는 다른 이들의 마음과 생각이 열려 그들이 들어야만 하는 것을 듣게 되기를, 혹여 제가 그들의 마음을 상하게 하는 일을 하지 않기를, 그들의 마음이 누그러져서 싸움을 위한 싸움을 벌이는 대신 문제의 해결을 향해 나아가게 되기를 기도합니다.

그녀는 자신의 관점을 피력하며 함께 건설적인 대화를 하기 위해 애쓰는 동시에, 상대의 관점에서 배울 수 있는 바에 열려있는 자세를 유지하기 위해 노력했다. 이러한 접근방식은 얼마나 효과적이었을까? 이는 사람들과 싸우기에 '충분히 강하지' 않은 사람이 짐짓 경건한 척 핑계를 대는 것으로 보일 수도 있다. 하지만 그녀는 오히려 다른 부서에 있는 이들보다 쉽게 예산안 공청회를 통과하는 편이라고 그녀의 동료들은 증언했다.

가끔 클라레나는 더 명백한 폭력의 순환을 중단시키는 위치에 서기도 했다. 국장으로 승진하기 전 부서에서 고위 관리자로 근무하고 있던 시절, 한 작업장에서 폭력 사건이 터졌고, 당시 국장은 경찰을 부르고 다른 사안들을 처리하는 동안 그녀를 바로 현장에 보냈다. 클라레나가 보기에 현장에 있던 일부 직원들은 적개심을 드러내지 못해 안달이 난 듯했고 또 다른 일부는 현장에서 도망치고 싶어했다. 하지만 클라레나는 제3의 대안을 제시했다. 무리를 기도로 초청한 것이다.

우리는 크게 다친 이들을 위해 기도하고(그 순간에는 그분들이 죽임을 당했다는 걸 모르고 있었어요), 총을 쏜 사람을 위해 기도하고, 그의 가족을 위해, 그들이 겪을 모든 일을 위해 기도하려고 모였어요. 사실 저는 그곳에 서 있기도 어려웠어요. 방은 피투성이였고, 우리가 거기 서 있는 동안에도 사람들이 시신을 밖으로 나르고 있었거든요. 기도에 계속 집중하기 어려웠습니다.

폭력 현장에서의 기도는 사람들을 진정시켰고 그들이 평소의 상태로 돌아가는 첫걸음을 떼도록 도왔다. 그녀의 기도는 폭력의 순환을 중단시켰고 폭력이 고조되는 것을 막았다.

제니 넬슨이 여성 노숙인을 향한 폭력의 순환 고리를 끊은 방법은 두 가지였다. 먼저, 그녀는 1979년에 샌디 구치와 함께 로드카페자매회를 공동 설립했다. 비폭력 및 온유한 인격주의의 원칙에 입각한 자매회는 모든 종류의 폭력을 피했으며 그리하여 여성들이 이전과는 다른 공기를 경험하도록 해주었다.

새로운 종류의 환경을 만들어내기란 쉽지 않은 일이었다. 제니는 지난날에 대해 이렇게 말했다.

> 저는 1972년부터 정식으로 비폭력에 대해 알게 되었습니다. 철학으로서만이 아니라 삶의 방식으로서 비폭력을 알게 된 것은 그때였어요. 처음 몇 년 동안은 무척 힘들었습니다. 비폭력 철학과 온유한 인격주의에 근거해 봉사하는 다른 조직이 거리에 없었기 때문입니다.[5]

둘째로, 제니와 로드자매회의 모든 직원은 카페 안팎을 불문하고 그들이 업무를 수행하는 곳이면 어디에서나 매일 비폭력의 원리를 실천함으로써 폭력의 순환을 중단시켰다. 로드카페자매회가 설립되고 그들의 철학을 분명하게 천명하자 결정적 순간이 찾아왔다. 자매회가 다른 이웃 기관들

---

5 같은 책, 4.

과는 다른 전제에 근거해 운영되었기 때문에, 제니는 손님 및 봉사자와 소통할 수 있는 비폭력의 의미와 그것을 무시할 때의 결과를 구체적으로 정의할 필요가 있었다. 그녀와 샌디는 물리적인 혹은 언어적인 폭력이 발생할 때마다 개입하기 위한 지침을 마련해 사용하기 시작했다. 그녀는 손님들이 보이는 반응에 대해 이렇게 말했다.

처음 들어온 사람들은 쥐 죽은 듯 조용히 있으면서 갈등이 발생했을 때 직원들이 손님들과 상호작용하는 방식을 지켜봅니다. 비폭력의 실천은 갈등의 부재를 의미하지 않아요. 오히려 비폭력을 실천한다는 것은 갈등을 피하거나 일축하지 않은 채 해결에 참여하는 것입니다.

한번은 카페에 한 여성이 들어오고 15분 뒤에 한 남성이 따라 들어왔다. 그는 마치 그녀를 소유하고 있는 듯이 굴며 그녀를 밖으로 끌고 나가려 했다. 그녀에게 개입할 필요가 있음을 안 제니는 남성에게 자신을 소개하고 이렇게 말했다.

저기요, 여기 오신 걸 정말 환영합니다. 그런데 이 여성분은 방금 착석하셨고 식사를 하고 계시네요. 그녀에게는 평화롭게 식사할 권리가 있어요. 그래서 저는 카페 안에서 앉으실 다른 자리를 찾아보시길 선생님께 부탁드립니다. 원하시는 대로 주문하시면 됩니다.[6]

---

6 같은 책, 21.

남성은 마지못해 자리를 비웠고, 커피 한 잔을 주문한 뒤 밖으로 뛰쳐나 갔다. 나중에 제니는 그 여성이 매춘부이고 남성은 그녀의 포주임을 알게 되었다. 거리에는 자매회가 매춘부들조차 존중하는 곳이며 그 문 안에서 는 그녀들도 포주들의 괴롭힘으로부터 안전하다는 소문이 빠르게 퍼져 나갔다.

이에 더하여 제니는 폭력의 순환이 중단되도록 하기위해 체계를 변화 시켰다. 2001년 그녀는 로드자매회에서 지역사회 조직 및 체계 변화의 책 임자가 되었다. 자매회는 노숙 문제 종식을 위한 체계적 접근이 부족함을 인식하였고, 새천년의 시작과 더불어 이 문제를 다루기 시작했다. 그들은 우선 지역사회 조직 활동을 확대했다. 그리고 지역사회 조직업무로부터 크로스로드Crossroads가 출범했다. 크로스로드는 노숙인과 집을 소유한 사 람을 동반자 관계로 다루며 노숙 상황에서 발생하는 폭력을 연구하고 조 직활동을 통해 이를 다루었다. 제니는 크로스로드 연구 프로젝트를 감독 했는데, 노숙인 600명을 인터뷰하고 그들의 목소리가 담긴 책을 제작했 으며, 다른 이들이 각자의 현장에서 유사한 프로젝트를 어떻게 수행할 수 있을지를 보여주는 안내서를 출간했다. 이 연구와 조직활동은 노숙 문제 와 씨름하는 사람들의 실상을 증언함으로써 우리 주변에 있는 폭력과 폭 력의 순환을 끊는 데 도움이 되었다. 사람들이 절망하고 현실에 안주하는 대신 동료들과 함께 리더십 훈련을 받고 직접 행동하게 되었기 때문이다.

데스몬드 투투는 진실과화해위원회에서 근무하던 기간뿐 아니라 그 외의 시간에도 셀 수 없이 많은 순간에 남아프리카공화국에서 폭력의 순환을 끊어냈다. 예를 들면, 아파르트헤이트가 여전히 시행 중이었던 1989년 9월 6일, 남아프리카공화국에서는 인종차별적인 선거에 참여를 거부하는 평화시위가 열렸다. 국가보안군은 무차별적으로 총을 겨눠 자기 집 마당에 서 있던 아이들을 포함해 스무 명을 사살했다. 소식을 접한 투투는 케이프타운 대주교관에 딸린 경당으로 달려가 하느님께 울부짖었다. "어찌 이런 일이 일어나게 내버려 두실 수 있습니까?" 두려움에 빠져 정부가 흑인들을 계속 위협하도록 내버려 두거나, 반대로 무력 저항 세력에 합류해 적개심으로 반응하기가 쉬웠을 테지만, 데스몬드 투투는 둘 중 어느 것도 택하지 않았다. 기도를 마치고 나온 대주교는 평화로운 시위행진이 있을 것이라고 발표했다. 훗날 그는 이렇게 회상했다. "너는 여기에 시위행진을 요청하는 것으로 대응해야 한다고 하느님이 말씀하시는 듯했습니다." 9월 13일에 개최된 행진에는 3만 명의 사람들이 모였는데, 투투의 표현에 따르면 이 시위가 "아파르트헤이트 종식의 시작을 알리는" 일련의 주요 시위 가운데 첫 번째 시위였다. "우리는 이 폭력을 그냥 넘어가지 않을 것"이라고 선언하는 동시에 평화롭게 그 성명을 발표함으로써 시위자들은 국가폭력의 순환을 중단시킬 수 있었다. 그로부터 5개월도 채 지나지 않은 1990년 2월 2일, 프레데리크 빌렘 데 클레르크Frederik Willem de Klerk 대통령은 아파르트헤이트의 종식을 발표했다.

또한 진실과화해위원회의 작업이 한창이던 때 데스몬드 투투는 또 다른 방식으로 폭력의 순환을 중단시켰다. 1997년, 위원회는 넬슨 만델라Nelson Mandela 대통령의 전 부인인 위니 마디키젤라-만델라Winnie Madikizela-Mandela가 주도한 것으로 알려진, 정부 협력자로 의심되는 이들에게 가해진 폭력적 보복에 관한 청문회를 열고 있었다. 증거가 늘어감에 따라 위원회는 위니 마디키젤라-만델라가 고문과 살인에 대해 명백히 유죄라는 결론을 내릴 수밖에 없었다. 하지만 그녀는 당당한 태도로 결백을 주장하며 용서를 구하지 않았다. 이와 같은 그녀의 비정함에 비정함으로 답하거나 항복할 마음이 없는 그녀 앞에서 패배감을 느끼는 것이 자연스러운 반응일 테지만 데스몬드 투투는 다른 방법을 택했다. 청문회가 끝나갈 무렵 그는 그녀에게 고개를 돌려 간절히 애원했다. 그는 그의 가족과 그녀가 맺어온 관계, 오랜 세월 맺어온 친밀한 관계를 언급하고는 그녀를 해방의 상징으로 단언하면서 그녀에게 호소했다.

> 저 밖에는 당신을 안아주고 싶어 하는 사람들이 있습니다. 나도 여전히 당신을 안아주려 합니다. 당신을 사랑하고 너무나도 깊이 사랑하기 때문입니다. 저 바깥에는 그렇게 하고자 했을 사람들이 많이 있습니다. 뭔가 잘못되었다고 당신이 스스로 말할 수 있었다면 말입니다. … "죄송합니다. 잘못된 일 중에는 제 책임도 있습니다. 죄송합니다."라고 말하세요. 부탁합니다. 부탁합니다. 제발 부탁합니다. … 당신은 위대한 사람입니다. 죄송하다고, 일이 잘못되었다고, 저를 용서해달라고 말하면 당신의 위대함이 얼마나 높아질지 당신은 모르고 있습니다.[7]

마디키젤라-만델라는 자신에게 희생당한 이들의 가족들에게 슬픔을 표하며 이렇게 대답했다.

---

7 John Allen, *Rabble-Rouser for Peace* (New York: Free Press, 2006), 360-61에서 인용.

훌륭하고 현명한 말씀을 해주셔서 깊이 감사드립니다. … 늘 당신을 통해 체험해온 말씀, 신부님다운 말씀이십니다. … 사실이 그랬다는 걸 인정합니다. 일들이 끔찍하게 잘못되었어요. 전적으로 동의합니다. 그렇게 끔찍한 일이 일어난 고통스러운 세월 동안 저도 그 잘못에 연루되어 있음을 알고 있었습니다. 정말 죄송합니다.[8]

일부 사람들은 위니 마디키젤라-만델라가 마지못해 사과한 것으로 보았지만, 그녀에게 이는 중요한 한 걸음을 내디딘 것이었다. 대주교는 이렇게 회고했다.

저는 내키지 않는 마음으로 용서를 구하는 것처럼 보일지라도 그걸 우리가 비웃는 게 옳은 일일지 확신이 서지 않습니다. "미안하다"고 말하는 건 절대 쉽지 않습니다. 그건 어떤 언어로든 똑똑히 발음하기 가장 어려운 말입니다. 저는 종종 침실의 친밀함 속에서도 아내에게 그 말을 하기가 어려움을 발견합니다. TV 조명과 언론의 이목이 온통 쏠린 중에 그 말을 입 밖에 내기가 얼마나 더 어려울지 상상해볼 수 있어요.
예언자 이사야는 심지가 깜박거린다 하여 등불을 꺼버리지 않는, 온유한 하느님의 종에 대해 이야기합니다. 저는 이것이 마디키젤라-만델라 여사가 대중 앞에서 사과한 첫 번째 순간이었고, 그녀만큼 긍지가 있는 누군가에게는 상당한 일이었을 것으로 생각합니다.[9]

---

8 같은 책, 361.
9 Tutu, *No Future without Forgiveness*, 174-75.

투투 대주교가 폭력의 순환을 중단시킨 예는 또 있다. 1990년, 흑인 마을인 세보켕에서 보안군이 서른여덟 명을 살해한 때였다. 레소토의 한 회의장에서 주교회의 모임이 한창 진행되던 중 그는 이 학살 소식을 들었다. 그는 모임 장소를 나와 경당에서 울며 기도했고, 그런 뒤에 하느님의 인도하심을 느끼며 주교들에게 돌아갔다. 훗날의 회고에 따르면, 그는 주교들에게 다음과 같이 촉구했다.

> …전례가 없는 결정이 되겠지만, 우리의 모임을 중지하고 [세보켕으로] 갑시다. 그리고 주교들은, 그 모든 분이, 만장일치로 동의했습니다. 우리는 모든 의제를 제쳐두고, 갔습니다.

주교들은 다음 날 아침 일찍 레소토를 떠나 세보켕으로 향했고, 그곳의 한 지역교회에서 감사성찬례를 드린 뒤 세보켕을 둘러보며 부상자들과 유족들을 방문했다. 주교들이 거리에 모인 한 무리의 청년들과 이야기를 나누는 동안, 카스피르Casspir(최루탄과 기관총으로 무장한 경찰 차량) 행렬이 나타났다. 호주방송협회Australian Broadcasting Corporation의 존 클리어리John Cleary는 자신이 목격한 바를 다음과 같이 보도했다.

> 나는 대주교가 말하는 것을 들었다. "우리 기도합시다." 그러자 차량들의 소음이 멈췄다. 군중은 조용해졌다. 카스피르의 배기음도, 최루탄 통의 울림도 들리지 않았다. 그래서 주위를 둘러보니 거기에, 내 뒤에, 아프리카 남부의 성공회 주교들이, 흑인과 백인과 혼혈인과 노인과 젊은이가 두 팔

을 뻗은 채 군중과 카스피르 행렬 사이에 서 있었다. 그 순간, 나는 새로운 남아프리카공화국을 위한 그리스도인의 비전이 사람들에게 요구하는 것이 무엇인지를 조금은 이해하게 되었다. 그런 종류의 용기를 전에 목격한 적이 없었다.[10]

아프리카 남부의 주교들은 폭력의 순환이 세보켕 마을에서 한층 고조되기 전 그것을 중단시키는 데 성공했다.

또 다른 어느 시기에 데스몬드 투투는 남아프리카공화국의 전 대통령과 더불어 폭력의 순환을 끊기 위해 애썼다. 남아프리카공화국에서 아파르트헤이트가 한창이던 1978년부터 1984년까지 총리를 역임하고 1984년부터 1989년까지 대통령을 지낸 피터르 빌럼 보타P.W.Botha는 진실과화해위원회 청문회에 끊임없이 연루되었다. 위원회는 청문회에 누구든, 전 대통령까지도 소환할 수 있는 권리를 소유하고 있었지만, 투투는 대면 회의가 전직 대통령의 협조와 함께 진행되기를 희망하며 보타와의 면담을 친히 주선했다. 투투와 투투의 사람들이 보타의 리더십 아래에서 엄청난 고통을 견뎌내야 했음에도 불구하고, 또 완고하기로 소문난 보타의 평판에도 불구하고 투투는 열린 열린 마음으로 전직 대통령과 마주하길 기도했다. 투투는 보타를 보기 위해 상당히 먼 거리를 달려갔고, 보타의 딸이 거주하는 곳에서 차담을 나누기 위해 만났다. 투투의 호소에 반응한 보타는 위원회에 협력하는 데 동의했지만, 질의에는 서면으로 답하기를 고집했고 (직접 청문회에 가기를 거부했다) 새 정부에게 정부 문서에 대한 접근권을

---

10   Allen, *Rabble-Rouser for Peace*, 324에서 인용.

요구했고, 또 변호사 수수료에 관련해 자금을 제공해주어야 한다는 추가 조항을 요구했다. 만델라 대통령은 특별히 애를 써서 보타의 변호사 수수료를 지불하고 그에게 정부 문서에 대한 접근권을 주는 데 동의했지만, 보타는 위원회 질의에 응답하는 일에 여전히 미적거렸다.

보타가 위원회 질의에 대한 자신의 답변을 서면으로 제출할 무렵, 새로운 증거가 나왔고, 위원회는 전 정부의 다른 관리들과 마찬가지로 보타가 직접 청문회에 출석하기를 요구했다. 보타는 거절했고, 위원회는 그에게 소환장을 보냈다. 소환장을 무시한 그는 소환에 응답하기를 거부했다는 사유로 지역 검찰총장에 의해 기소됐다. 보타 치하에서 고통을 당했던 어떤 사람들은 이전의 압제자가 마침내 재판을 받고 그가 받아 마땅한 보복적 정의를 경험하게 될 것을 기뻐했다. 그 와중에도 위원회는 전직 대통령이 소환에 따르고 법원 심리를 피할 수 있도록 자택 근처에서 만나자는 제안까지 하며 계속 보타에게 손을 내밀었다. 보타는 이조차 거절했다. 보타의 법정 재판에 증인으로 선 데스몬드 투투는 증인석에서 마지막 시도를 했다. 그는 판사에게 청원하며 이렇게 탄원했다.

존경하는 재판장님, 저는 우리에게 아직 기회가 있다고 믿습니다. 비록 이곳이 법정이지만 저는 피고가 유죄임을 암시하지 않고 이야기를 이어가고 싶습니다. 저는 [보타가] 이끈 정부를 비롯한 정부들이 시행한 정책들의 결과로 극심한 고통을 겪은 사람들을 대표해 말씀드립니다. 저는 그에게 호소하고 싶습니다. 이 기회를 잡으라고 호소하고 싶습니다. … 어쩌면 그가 그와 같은 고통을 직접 의도한 것은 아닐지도...

직접 명령을 내린 일이 없거나 승인한 것은 아닐지도 모릅니다. … 저는 그저 그가 이끈 정부가 우리 국민 중 많은 사람이 겪은 깊은, 너무나도 깊은 괴로움과 아픔과 고통의 원인이 되었음을 말하고 있을 따름입니다. 우리는 우리가 이 나라의 일부가 되기를 화해의 일부가 되기를 원합니다.

보타씨가 이렇게 이야기 해준다면 어떨까요. 자신이 책임자로 있던 정부의 정책이 여러분에게 고통을 안겨주어 죄송하다고 말입니다. 바로 그 한마디입니다. 정부의 정책이 여러분에게 너무나 많은 고통을 주어 죄송하다고 그가 자발적으로 말한다면 그것은 엄청난 일이 될 것입니다. 저는 그에게 호소합니다.[11]

보타는 분노로만 반응했고, 끝까지 거만하게 굴었다. 재판이 재개되었고, 보타는 유죄 판결을 받았다.

이 경우 폭력의 순환을 중단시키기 위한, 보복적 정의가 아닌 화해를 호소하기 위한 투투의 노력은 헛수고였을까? 누가 그렇게 말할 수 있겠는가? 데스몬드 투투는 보타에게 손을 내밀면서 제3의 길, 앞으로 나아갈 새로운 길을 남아프리카공화국 사람들에게 인간다움이 무엇인지 보여주었고 그가 할 수 있는 모든 최선을 다했다. 보타는 응답하지 않았지만, 적어도 투투는 화해를 제안하며 자신이 할 수 있는 최선을 다 했다는 사실을 알았다. 그뿐 아니라, 공적으로 손을 내미는 이 행동을 통해 뿌려진 씨앗은 보타 보다 너른 마음, 그 씨앗이 자라나고 익어가는 데 열려 있는 다른 마음에 파고들어 뿌려지고 저마다의 계절을 따라 열매를 맺었을지 모

---

11 같은 책, 357.

른다. 연민과 초대의 말은 좀처럼 헛되이 사라지는 법이 없다.

용서하기

폭력의 순환 끊기에는 용서하기가 포함되어 있다. 일단 열린 마음으로 이루어지는 초대와 사과를 통해 폭력의 순환이 중단되면, 용서가 변화의 고리를 완성한다.

용서는 남아프리카공화국 진실과화해위원회의 중추를 이루었다. 위원회의 리더로서, 데스몬드 투투 또한 남아프리카공화국 사람들이 겪고 전하는 경악스러운 진상을 움츠림 없이 직시하며 용서하기를 기도했다.

위원회는 용서를 통한 남아프리카공화국의 화해에 몰입했다. 용서의 촉진은 (1) 2년의 고정된 운영 기간 설정, (2) 진술 수집, (3) 공청회 개최로 구조화되었다. 사면을 원하는 이들이 신청에 필요한 시간을 충분히 갖는 동시에 그 과정이 미완료 사업으로 새 정부로 넘어가지 않고 명확히 일단락되도록 2년의 고정된 기간을 채택했다. 위원회는 전국에서 진술을 수집하기 위해 사람들을 조직해 훈련하고 총 피해자 2만 명의 진술을 수집했는데, 이는 여느 조직에서 유사한 과정으로 수집된 그 어느 진술보다 많은 양이었다. 공청회는 전국 각 지역, 도시와 시골에서, 시청, 시민회관, 교회와 같은 장소들에서 개최되었다. 피해자의 진술 열기는 뜨거웠고 대략 열 명 중 한 명의 피해자만이 공청회에 설 기회를 얻었다. 위원회는 공청회 기회를 얻지 못한 이들의 서면 진술 또한 공개적으로 증언한 이들의 진술 못지않게 진지하게 받아들일 것임을 보장했다.

위원회는 양측의 피해자들, 백인 아파르트헤이트 정부에게 해를 입은 사람들과 반군에게 해를 입은 사람들의 진술을 들었다. 투투는 용서하는 피해자들을 보고 고무되었고, 용서에 대한 영감을 얻었다.

> 놀랍게도 피해자들의 이 이야기들에 귀를 기울이면서 저는 그분들의 자비로움과 관대함에 경탄했습니다. 그렇게나 많은 고통을 겪었는데도 그분들은 복수하려는 열망 대신 기꺼이 용서하고자 하는 의지가 대단했습니다.[12]

위원회는 또한 양측의 가해자들이 사면을 신청하는 데에도 열려있었다. 많은 이들이 자신의 악행을 낱낱이 드러내는 용기를 보여주었다. 경찰서장 브라이언 미첼Brian Mitchell은 자신이 내린 명령으로 무고한 11명(대다수가 여성과 어린아이였다)이 살해되었고 그로 인해 시골 지역사회가 완전히 파괴된 일에 대해 용서를 구했다. 그는 위원회에 지역사회 방문 주선을 요청했고 그곳의 재건에 참여하고 싶다는 바람을 표현했다. 데스몬드 투투는 미첼의 지역사회 방문에 대해 아래와 같이 이야기했다.

> 크게 잘못된 가능성도 있었습니다. 처음에는 어렵고 긴장된 분위기에서 만남이 이루어졌습니다. 모든 이들이 다소간은 어색해했고 지역사회는 당연히 적대적이었습니다. 하지만 시간이 좀 시간이 좀 지나자 분위기가 바뀌기, 누그러지기 시작했습니다. 피해자 중 한두 명은 여전히 그를 그다지 용서하고 싶어 하지 않았지만, 대다수는 그가 온 것을 기뻐했고, 그가 떠날 무렵에는 상황이 정말 많이 호전되어 주민들이 그에게 손을 흔들며 상당히

---

12 Tutu, *No Future without Forgiveness*, 86.

따뜻한 작별 인사를 건네고 있었습니다.[13]

진실과화해위원회는 용서를 통해 어떻게 폭력의 순환이 깨어지고 변화의 고리가 완성될 수 있는지를 거듭 확인했다.

용서는 로드자매회에서 제니 넬슨이 발휘하는 리더십에서도 기초가 된다. 그녀는 다음과 같이 생각한다. "용서 없이는 비폭력을 실천할 수 없을 겁니다. 내게 해를 끼친 사람들에 대한 용서, 내가 해를 끼친 사람들에게 받는 용서, 궁극적으로는 자기 자신에 대한 용서 말이지요."

예를 들면, 카페에서 일어나는 물리적 갈등과 언어적 갈등을 비폭력적인 방식으로 중단시키려면 싸움을 그치고 서로 화해하라는 요청을 받아들여야 한다. 제니와 다른 직원들은 종종 폭력을 당하는 당사자가 되어 용서를 실천해야 하고, 마땅히 해야 할 만큼 공정하지 못했거나 불쌍히 여기지 못했을 때 용서를 구해야 하며 동시에 그런 자신을 용서함으로써 폭력을 중단 시켜야 한다. 용인되는 행동과 그렇지 않은 행동 사이에 확고한 경계가 있고 직원들은 그 경계를 유지한다. 용인될 수 없는 행동이 지속 되면, 그 행동에 책임이 있는 사람에게는 일정 기간 떠나있을 것을 요구한다. 누구든 떠나있으라는 요구를 받은 뒤에는 공식적인 갈등 해소 과정을 거치고 다시 공동체로 받아들여진다. 하지만 그 전에 사건에 대해 진실을 이야기해야 하고, 용서해야 하고, 변화하려는 의지를 가져야 하며, 해결방안에 상호 합의하고 참여해야 한다. 그들은 그렇게 새롭게 출

---

13 같은 책, 176-77.

발한다.

자매회는 또한 최근 출옥한 사람들을 공동체 가운데로 데려와 환영했다. 제니는 이렇게 말했다.

우리는 그분들이 잘못에 대한 책임으로 법이 명령한 시간을 다 채웠고, 그분들이 저지른 비행 중에는 실은 이분들을 돌봐주지 않는 우리 사회(포틀랜드시)의 자포자기가 한몫하고 있었음을 고려하여 애정어린 자비와 기회를 드립니다. 그런 분들을 비롯해 우리 손님이라면 누구나 일자리를 신청할 수 있으며 로드자매회의 유급 직원으로 채용될 수 있습니다.

때로는 직원과 자원봉사자는 이 정신으로 인해 회심을 경험한다. 메리 케이 맥더모트Mary Kay McDermott가 다음과 같이 회상했다.

주변을 둘러보다가 아프리카계 미국인이며 키가 크고 근육질에 너무도 쾌활한 한 분, 한때는 노숙인이셨고 한때는 감옥에 계셨던 자매회의 계산원 분에게 눈이 갔습니다. 그분은 부지런히 주문을 받으시면서 늘 그래왔듯 손님 한분 한분이 요즈음 잘 지내고 있는지 꼭 확인하셨습니다. 그분과 처음으로 마주했던 때가 기억났어요. 저는 아이오와의 작은 마을에서 온 시골 소녀로, 막 감옥에서 나온, 노숙인이었던 흑인 남성에게 말을 걸기엔 소심하기 그지없었지요.[14]

---

14 *Quarter Century of Our Collective Humanity*, 9.

메리 케이는 고정관념을 벗어나 사람 대 사람으로 이 남성을 알게 되면서, 그를 용서하고 다시 사회로 맞아들이는 일의 필요성 또한 알게 되었다.

클라레나 톨슨 역시 폭력의 순환을 끊는 일에서 용서가 지닌 중요성을 배웠다. 예를 들면, 그녀도 로드자매회의 제니 넬슨처럼 범죄 기록이 있는 지원자를 채용할 것인가 하는 물음에 직면했다.

> 저는 전과자인 사람들을 채용하는 것에 대해 결정을 내려야만 했습니다. 그리고 무엇이 그분들에게 가장 적합한지, 또 무엇이 시에 합당하며 우리 시민들에게 좋은지 알아내려 노력했습니다. 사업가의 관점에서 보면 종종 쉬운 해결책은 자기 변명을 해야 하는 갈등과 상황을 피해 버리는 것입니다. 그러나 그와 동시에, 결국 가장 중요한 것은 자기 자신으로 살아갈 수 있어야 한다는 것입니다.

결국 그녀는 그 결정을 내린 뒤 마음 편히 잠을 잘 수 있는 결정이어야 좋은 결정일 것이라고 생각 하게 되었다. 잠을 설치게 하는 결정이라면 재검토해야 한다고 말이다. 그녀는 과거에 살인이나 다른 극악무도한 범죄를 저질렀다고 밝힌 사람들이 삶을 돌이키고 있다는 증거를 확보한 뒤 용서의 힘을 믿으며 그들을 채용했다. 이후 그녀의 결정이 좋은 결정이었음이 입증되었고, 이는 그 신규 채용자들에게는 새출발의 기회이자 그들이 필라델피아 시민들을 열심히 섬길 기회가 되었다.

클라레나는 비협조적인 동료들과 일상적인 상호작용을 하는 중에도 용서의 힘을 경험했다. 예를 들면, 클라레나의 부서를 감독하는 한 여성이 공포 정치를 고집하고 있는 듯 보였고, 많은 이들이 그녀의 행태를 불만스러워 했다. 처음에는 클라레나도 그렇게 생각했다. "저도 처음에는 다른 이들처럼 그저 불만스러워했고 그 사람이 잘못됐다고 생각했어요. 그 사람이 심술궂은 사람이라고 확신했지요."

그러나 그녀는 그 마음을 넘어서서 그 여성을 위해 기도하기 시작했다. 클라레나는 그녀의 건강 및 가족과 그녀에게 필요한 모든 것을 위해 기도했다. 그 여성이 그녀 자신과 그녀가 하는 일을 더 좋아하기를 위해 기도했다. 클라레나는 기도하면서 그 여성이 자신에게 준 상처들을 용서할 수 있겠다는 생각이 들었다. 클라레나의 용서 이후 그 여성이 클라레나를 대하는 태도가 부드러워졌고 두 사람은 과제를 완수할 수 있었다. 클라레나는 기도와 용서를 통해 이 여성을 다르게, "내가 존중해야만 하는 사람, 나와 같이 여러 문제와 고민을 안고 있는 사람으로" 보게 되었다. 용서를 통해 클라레나는 일터에서 폭력의 순환을 끊는 데 자신의 역할을 다할 수 있었다.

결론

리더는 언제나 내면의 폭력, 주변 사람들과 관계에서 일어나는 폭력에 직면해야 한다. 꼭 물리적인 주먹질이나 총질이라는 형태가 아니더라도, 분노가 분노를 부추기는 상황이 언제고 발생하기 때문이다. 그러한 상황에 대한 자연스러운 반응은 싸우거나 도망치는 것이지만 영혼이 충만한 리더는 건설적인 방식으로 갈등을 벗어날 제3의 길을 선도적으로 열어낸다. 그는 어느 한 편을 들지 않고 중심을 유지하면서, 성찰하거나 기도하면서 갈등에 신중하게 개입한다. 이때 개입의 목표는 갈등을 약화 시키거나 억누르는 게 아니라, 폭력이 폭력을 부르는 그 자연적인 순환의 고리를 끊어내는 것이다. 이러한 순환 끊기는 서로 갈등하는 당사자들이 함께 창의적인 해결방안을 찾도록 해주는 동시에, 그들 안에서 용서, 존중, 공유 가치, "우리 본성의 선한 천사"가 일어날 길을 열어준다.

물리적인 것이든 감정적인 것이든 지적인 것이든 갈등의 한복판에는 스트레스, 두려움, 절망이 있고, 폭력은 결국 우리 모두를 크게 해친다. 리더들은 괴롭힘, 위협, 억압적인 태도 등 여러 형태의 폭력을 마주하기 마련이며, 그러한 상황에서 중심을 지키기 위해 가장 깊은 내면의 영적 자원에 의지할 필요가 있다. 또한 문자 그대로의 폭력이든 숨어있는 폭력이든 그러한 폭력의 충격을 견디고 회복되기 위해서는 사랑의 이름으로 매일의 영적 실천을 해나가야 한다. 이 자원들은 리더가 중심에서부터 인내할 수 있도록, 자신의 인내를 모범 삼아 조직을 이끌어갈 수 있도록 해준다.

끝까지 인내하는 길, 충만한 영혼으로 사람들을 이끌어가는 길에서, 리더는 폭력의 순환을 끊는 법을 배워나가야 한다. 서로 전혀 다른 환경에서 개인과 조직을 이끌었던 데스몬드 투투, 제니 넬슨, 클라레나 톨슨은 모두 측은히 보기, 폭력의 순환 중단시키기, 용서하기를 배웠다. 이 리더들이 발견했듯, 폭력의 순환 끊기에는 이 세 가지가 반드시 필요하다. 이 세 가지 요소는 크고 작은 모든 곳에서 효과가 있다. 이 세 사람의 리더는 시 정부 사무실에서, 노숙인 공동체에서, 국가적이고 국제적인 환경에서 저 세 가지 필수 요소의 힘을 입증해 냈다. 리더 한 사람이 폭력의 순환을 끊는 방법을 배우게 되면, 끝까지 인내하기라는 목표를 이룰 수 있다.

물음들

1. 갈등이나 폭력의 한가운데서 측은히 보는 법을 어떻게 배웠나요?
2. 갈등이나 폭력의 순환을 어떻게 중단시켰나요?
3. 언제 용서해보았나요?
4. 당신이 지금 용서해야 할 사람은 누구인가요? 그 사람을 어떻게 용서할 수 있을까요?

08

끝까지 인내하기

영혼을 담아 이끄는 일은 길 선택하기, 방향 유지하기, 끝까지 인내하기 세 가지 모두를 아우른다.[1] 이 책에 등장한 리더들은 앞서 소개한 실천에 끊임없이 참여함으로써 영혼이 깊어지고 강해짐을 경험했다. 리더는 영혼을 담아 이끌어가는 과정에서 매일같이 구체적 결정을 내리며 알아차리기 어려운 더 깊은 변화, 리더를 변화시키는 영적 변화를 경험한다. 개인과 조직을 이끌어가는 과정을 통해 그러한 변화는 어떻게 커지는가? 변화의 그러한 과정은 어떻게 묘사되고 설명될 수 있을까?

이 장에서는 리더와 조직이 끝까지 인내하며 경험하는 영적 변화의 과정을 숙고함으로써 앞선 장들의 주제들을 한데 모을 것이다. 영적 리더십

---

1 이 장의 내용은 "The Second Half of the Journey: Spiritual Leadership for Organizational Transformation," *Leadership Quarterly* 16 (2005): 723-47에 최초 게재된 것으로, 저자에게 승인을 받아 이곳에 소개한다.

에 관한 주요 문헌들 또한 고찰해볼 것이며,[2] 기존 문헌이 다루지 않는 내용도 함께 이야기 할 것이다.

영적 리더십에 관한 주요 문헌들은 점차 늘어나고 있으며, 공통적으로 영적 리더십이 조직의 효과성 증진에 필수적이라고 주장한다.[3] 오늘날 영적 리더십 연구에서 주요 초점은 영적 리더십에 관한 대중적 문헌들을 경

---

2 이 장에서는 조직의 영적 리더십을 다룬 문헌들에 대한 개관을 제공할 것이다. 교회 환경에서의 영적 리더십을 다룬 주요 문헌들도 존재하지만, 그러한 문헌들은 이 책의 초점과 관련이 없으므로 여기서 검토되지 않을 것이다.

3 R. Moxley, *Leadership and Spirit* (San Francisco: Jossey-Bass, 1999); G. Fairholm, *Capturing the Heart of Leadership* (Westport, Conn., Praeger, 1997); G. Fairholm, *Perspectives on Leadership: From the Science of Management to Its Spiritual Heart* (Westport, Conn.: Praeger, 1998); G. Fairholm, *Mastering Inner Leadership* (Westport, Conn: Quorum, 2001); W. Judge, *The Leader's Shadow: Exploring and Developing Executive Character* (Thousand Oaks, Calif.: Sage Publications, 1999); J. M. Kouzes and B. Z. Posner, *The Leadership Challenge Planner: An Action Guide to Achieving Your Personal Best* (San Francisco: Jossey-Bass, 1999); L. Ferguson, *The Path for Greatness: Work as Spiritual Service* (Victoria, B.C.: Trafford, 2000); L. Fry, "Toward a Theory of Spiritual Leadership," *Leadership Quarterly* 14 (2003): 693-727; L. Fry, "Toward a Theory of Ethical and Spiritual Well-Being and Corporate Social Responsibility through Spiritual Leadership," in *Positive Psychology in Business Ethics and Corporate Responsibility*, ed. R. Giacalone and C. Jurkiewicz (Greenwich, Conn.: Information Age Publishing, 2004), 47-83; J. Sanders, W. Hopkins, and G. Geroy, "A Causal Assessment of the Spirituality-Leadership-Commitment Relationship," *Journal of Management, Spirituality, and Religion* 2, no. 1 (2005): 39-66; R. Barrett, *Liberating the Corporate Soul* (Newton, Mass.: Butterworth Heinemann, 1998); D. Batstone, *Saving the Corporate Soul* (San Francisco: Jossy-Bass, 2003); L. Bolman and T. Deal, *Leading with Soul* (San Francisco: Jossey-Bass, 1995); L. G. Boldt, *Zen and the Art of Making a Living* (New York: Penguin, 1992); M. Driver, "From Empty Speech to Full Speech? Reconceptualizing Spirituality in Organizations Based on a Psychoanalytically-Grounded Understanding of the Self," *Human Relations* 58, no. 9 (2005): 1091-1110; M. Driver, "A 'Spiritual Turn' in Organization Studies: Meaning Making or Meaningless," *Journal of Management, Spirituality, and Religion* 4, no. 1 (2007): 56-86; L. W. Fry, "Spiritual Leadership: State-of-the-Art and Future Directions for Theory, Research, and Practice," in *Spirituality in Business: Theory, Practice, and Future Directions*, ed. J. Biberman and L. Tischler (New York: Palgrave Macmillan, 2008); R. Greenleaf, *Servant Leadership* (New York: Paulist Press, 1977); J. Hawley, *Reawakening the Spirit at Work: The Power of Dharmic Management* (San Francisco: Berrett-Koehler, 1993); J. Jaworski, *Synchronicity: The Inner Path of Leadership* (San Francisco: Berrett-Koehler, 1996); A. L. Jue, "The Demise and Reawakening of Spirituality in Western Entrepreneurship," *Journal of Human Values* 13, no. 1 (2007): 1-11; D. W. Miller, *God at Work: The History and Promise of the Faith at Work Movement* (Oxford: Oxford University Press, 2007).

험적으로 검증 가능한 학문적 이론들로 옮기는 일에 맞춰져 있다.[4] 영적 리더십에 관한 학술적 연구는 주로 경영학자들이 선도하고 있기에, 연구는 사회과학적 연구 방법론에 따라 이루어진다. 이러한 연구들은 영적 리더십에 관한 새로운 학문 분야의 접점을 주류 경제학과 연결하는 중요한 연구들이다.

하지만 동시에, 영적 리더십 연구에 관한 사회과학적 접근에는 중대한 문제들이 내재한다. 무엇보다도 시급한 문제는 사회과학의 관점, 즉 '무엇이 될 수 있느냐'를 배제한 채 '무엇이냐'에만 맞춰진 사회과학의 관점이다.[5] 이 장에서는 네 가지 '관점'이 각각 아래의 관점을 포함하고 초월한다는 관점들의 중첩적 위계를 제안함으로써 이 문제를 다룬 심리학자 겸 신학자 다니엘 헬미니악Daniel A. Helminiak의 작업을 기반으로 이야기를 풀어

---

4 J. Sanders, W. Hopkins, and G. Geroy, "A Causal Assessment of the Spirituality-Leadership-Commitment Relationship," *Journal of Management, Spirituality, and Religion* 2, no. 1 (2005): 39-66; G. Fairholm, *Capturing the Heart of Leadership* (Westport, Conn., Praeger, 1997); G. Fairholm, *Perspectives on Leadership: From the Science of Management to Its Spiritual Heart* (Westport, Conn.: Praeger, 1998); G. Fairholm, *Mastering Inner Leadership* (Westport, Conn: Quorum, 2001); L. Fry, "Toward a Theory of Spiritual Leadership," *Leadership Quarterly* 14 (2003): 693-727; L. Fry, "Toward a Theory of Ethical and Spiritual Well-Being and Corporate Social Responsibility through Spiritual Leadership," in *Positive Psychology in Business Ethics and Corporate Responsibility*, ed. R. Giacalone and C. Jurkiewicz (Greenwich, Conn.: Information Age Publishing, 2004), 47-83; L. W. Fry, "Spiritual Leadership: State-of-the-Art and Future Directions for Theory, Research, and Practice," in *Spirituality in Business: Theory, Practice, and Future Directions*, ed. J. Biberman and L. Tischler (New York: Palgrave Macmillan, 2008); J. Biberman and L. Tischler, eds., *Spirituality and Business: Theory, Practice, and Future Directions* (New York: Palgrave Macmillan, 2008); V. Kinjerski and B. J. Skrypnek, "A Human Ecological Model of Spirit at Work," *Journal of Management, Spirituality, and Religion* 3, no. 3 (2006): 231-41; K. Lund Dean and C. J. Fornaciari, "Empirical Research in Management, Spirituality, and Religion during Its Founding Years", *Journal of Management, Spirituality, and Religion* 4, no. 1 (2007): 3-34.

5 이 문제에 대한 자세한 설명을 위해서는 Margaret Benefiel, "The Second Half of the Journey: Spiritual Leadership for Organizational Transformation," *Leadership Quarterly* 16 (2005): 723-47, 그리고 "Strange Bedfellows or Natural Partners? The Academic Study of Spirituality and Business," *Studies in Spirituality* 16 (2006): 273-85를 보라.

갈 것이다.

현대 사회과학이 오로지 '무엇'인지를 밝혀내는 것에만 집중하는 데 반하여, 헬미니악은 무엇이 될 수 있느냐, 즉 인간이 오를 수 있는 최고의 경지에 관심을 두는 사회과학도 존재한다고 말한다. 이 장에서 다루는 문제들의 논지에는 헬미니악의 첫 두 '관점들'이 가장 크게 관련되어 있다. 최초의 실증주의자적 관점은 '무엇이냐'를 기술한다. 이 장을 연 영적 리더십에 관한 사회과학적 학술연구는 이 범주에 속한다. 헬미니악은 실증주의자적 관점을 깎아내리지 않는다. 그는 반대로 실증주의가 이바지하는 바를 긍정한다.

동시에, 헬미니악은 실증주의자적 관점이 중요한 물음들을 다루지 않은 채로 남겨둔다고 보았다. 이 물음들을 다루기 위해, 그는 철학자이며 방법론 연구자, 그리고 신학자인 버나드 로너간Bernard Lonergan의 작업에 기반해 다음과 같은 관점을 제안한다.

> 철학자는 참됨, 선함, 아름다움에 몰입하여 지혜를 구하는 사람이다. 그러므로 참 거짓 및 선악 여부와 관련된 인간사에 관한 관심은 '철학적'이라고 불린다.
> 철학적 관심에 대해 말하는 또 다른 방식은 진정성에 관해 이야기하는 것이다. 로너간에게 진정성은 개방성, 질문하기, 정직, 선한 의지에 대한 개인의 전면적이고 지속적인 몰입을 의미한다. 이러한 의미에서, 진정성에 대한 몰입은 정확히 철학적 관점을 특징짓는 것이다.[6]

---

6 Daniel Helminiak, *The Human Core of Spirituality* (Albany, N.Y.: SUNY, 1996), 20; 강조는 원문의

헬미니악은 이런 관점을 기반으로 사회과학을 더 깊고 풍요롭게 만드는 방법을 모색하고 있다. 이 관점은 영적 리더십 연구에 특히 중요하다. 철학적 관점에 의해 더해진 차원은 참과 선에 관한 논의와 더불어 영적 발달과 그러한 발달의 규범적 전개에 관한 논의도 가능하게 한다.

이 장은 철학적 관점에서 이바지함으로써 영적 리더십 연구들에 빠져 있는 차원을 채워나가기 시작할 것이다. 이 장의 도입부에서 인용된, 사회과학적 접근에 기초한 학술 문헌들은 중요한 공헌을 해왔고 앞으로도 계속해나갈 것이다. 동시에, 영적 리더십 연구는 철학자적 관점으로 나아가 영적 발달에 관한 광범위하고 다면적인 문헌들에 의지함으로써 더 깊어지고 풍요로워질 수 있다.

영성 분야에서는 개인의 영적 변화에 관한 많은 연구가 이루어졌다. 예를 들면, 제임스 파울러James Fowler,[7] 월터 콘Walter Conn,[8] 메리 프뢸리히Mary Frohlich,[9] 엘리자베스 리버트Elizabeth Liebert[10]는 영적 변화에 관한 자신들의 연구에서 서구 심리학과 그리스도교 신앙을 통합시켰다. 제랄드 메이Gerald May[11]는 관상적 접근을 제공했다. 켄 윌버Ken Wilber,[12] 잭 앵글러Jack Engler와

것임).

7 J. Fowler, *Stages of Faith* (San Francisco: Harper and Row, 1981).

8 W. Conn, *Christian Conversion: A Developmental Interpretation of Autonomy and Surrender* (Mahwah, N.J.: Paulist Press, 1986).

9 M. Frohlich, *The Intersubjectivity of the Mystic* (Atlanta: American Academy of Religion, 1994).

10 E. Liebert, *Changing Life Patterns: Adult Development in Spiritual Direction* (St. Louis: Chalice Press, 2000).

11 G. May, *Will and Spirit: A Contemplative Psychology* (San Francisco: Harper and Row, 1987).

12 K. Wilber, *The Spectrum of Consciousness* (Wheaton, Ill.: Theosophical Publishing House, 1977).

다니엘 브라운Daniel Brown,[13] 잭 콘필드Jack Kornfield[14]는 동양의 시각에서 영적 변화 과정을 개괄했다. 지난 백 년 사이 저술을 남겨온 이블린 언더힐 Evelyn Underhill,[15] 윌리엄 제임스William James,[16] 올더스 헉슬리Aldous Huxley,[17] 스티 븐 카츠Stephen Katz,[18] 제임스 R.프라이스James R.Price,[19] 재닛 러핑Janet Ruffing[20] 같은 다양한 학자들은 신비주의에 관한 교차 문화적 연구를 수행하며 신 비주의자의 시각에서 영적 변화 과정을 개괄했다. 이는 학자들에 의해 수 행된 연구 사례일 따름이다. 이 목록은 모세Moses, 부처the Buddha, 예수Jesus, 루비Rumi, 아빌라의 테레사Teresa of Ávila, 바알 쉠 토브the Ba'al Shem Tov, 간디 Gandhi, 하워드 서먼Howard Thurman, 틱낫한Thich Nhat Hanh, 페마 초드론Pema Chodron, 테레사 수녀Mother Teresa, 그 외에도 시대에 걸쳐있는 수많은 위대한 영적 교사들의 영적 변화에 관한 서술을 추가함으로써 방대하게 확장될 수 있다.

이 장에서는 세 가지 길에 관한 고전적인 그리스도교의 방식을 사용해

---

13 K. Wilber, J. Engler, and D. P. Brown, *Transformations of Consciousness: Conventional and Contemplative Perspectives on Development* (Boston: Shambhala, 1986).

14 J. Kornfield, *After the Ecstasy, the Laundry* (New York: Bantam, 2001).

15 E. Underhill, *Mysticism: A Study in the Nature and Development of Man's Spiritual Consciousness* (London: Methuen, 1911).

16 W. James, *The Varieties of Religious Experience* (New York: Modern Library, 1929).

17 A. Huxley, *The Perennial Philosophy* (New York: Harper and Brothers, 1945).

18 S. Katz, ed., *Mysticism and Philosophical Analysis* (1978), *Mysticism and Religious Traditions* (1983), 및 *Mysticism and Language* (1992) (New York: Oxford University Press).

19 J. R. Price, "Typologies and the Cross-cultural Analysis of Mysticism: A Critique," in *Religion and Culture: Essays in Honor of Bernard Lonergan*, ed. T. P. Fallon and P. B. Riley (Albany, N.Y.: SUNY Press, 1987), 181-90.

20 J. Ruffing, "Introduction," in *Mysticism and Social Transformation*, ed. J. Ruffing (Syracuse, N.Y.: Syracuse University Press, 2001), 1-25.

영적 변화 과정을 묘사할 것이다. 이 방식은 3세기부터 16세기까지 발전 되어왔으며[21], 오늘날까지도 많은 영적 교사들이 이를 따른다.[22] 세 가지 길은 그리스도교 언어로 영적 여정을 표현하지만, 다른 종교 전통들도 비 슷한 과정을 개략적으로 그린다.[23] 이 장에서 사용된 유신론적 언어는 또 다른 전통의 시각에서 영적 변화 과정을 표현하고자 하는 해당 전통의 언 어로 쉽게 바꾸어 이해할 수 있다. 세 가지 길과 다른 방식들은 개인의 영 적 성장에 초점을 두지만, 이 장에서는 그 방식을 리더들의 상황에 구체 적으로 적용한 다음, 그것을 조직의 변화로 확대할 것이다. 영적인 삶에 관한 서술 대다수와 마찬가지로, 세 가지 길은 기도하는 삶, 정도의 차이 는 다소 있을지라도 상업과 가정생활이 이루어지는 세상과는 별개로 독 신 수도승과 수녀의 생활에 몰입했던 이들의 체험에서 비롯되었다. 이 장 에서는 세 가지 길에 관한 언어를 사업과 조직 생활에 관한 우리 시대의 언어로 다시 살펴볼 것이다.[24]

---

21 오리게네스(Origen (185-254 CE)에게서 비롯된 세 가지 길은 여러 사람 중에서도 위 디오니 시우스(Pseudo-Dionysius (5-6세기 CE), 시에나의 카타리나(Catherine of Siena (1347-80), 십자가의 요한 John of the Cross (1542-91)에 의해 더욱 발전되었다.

22 예를 들면 Reginald Garrigou-Lagrange, *The Three Ways of the Spiritual Life* (London: Burns, Oates, and Washbourne, 1938); William Johnston, *Mystical Theology: The Science of Love* (London: HarperCollins, 1995); R. Thomas Richard, *The Ordinary Path to Holiness* (New York: Alba House, 2003); John J. Pasquini, *Light, Happiness, and Peace* (New York: Alba House, 2004); Ralph Martin, *The Fulfillment of All Desire* (Steubenville, Ohio: Emmaus Road, 2006)를 보라.

23 예를 들면 비슷한 과정이 불교 용어로 분명히 표현될 수 있다. B. Alan Wallace, *Contemplative Science* (New York: Columbia University Press, 2007), 특히 7장; Ken Wilber, Jack Engler, and Daniel P. Brown, *Transformations of Consciousness: Conventional and Contemplative Perspectives on Development* (Boston: Shambhala, 1986); 및 Jack Kornfield, *After the Ecstasy, the Laundry* (New York: Bantam, 2001)를 보라.

24 『신비신학: 사랑학』Mystical Theology: The Science of Love에서 윌리엄 존스턴William Johnston은 세 가지 길을 수도원 벽 너머로 가지고 나와 현대 서구문화에 맞게 고쳐 표현하는 훌륭한 작업 을 이루어냈다. 이 장에서는 리더십과 조직 환경에서의 세 가지 길을 검토함으로써 그 의 작업을 확장할 것이다.

세 가지 길, 즉 정화의 길, 조명의 길, 일치의 길은 최초의 영적 각성으로부터 수많은 우여곡절을 거쳐 하느님과의 연합에까지 이르는 영적 나그네의 여정을 묘사한다. 길들 사이에서의 전환도 그렇고 길들은 보통 선형적인 진전으로 제시되지만, 작가들 대부분은 가장 멀리 간 나그네조차 때로는 출발점에 돌아와 있는 자신을 발견하리라는 것과 그 누구도 이승에서 하느님과의 연합을 영구적으로 이루지 못한다는 것을 인정한다. 따라서 이 장에서는 영적인 삶에서의 성장을 선형적인 진전이 아닌 나선형으로 그려낼 것이다.

리더 개인의 영적 변화

정화의 길은 구도자가 영적 현실에 관한 의식을 일깨우면서 시작된다. 여기서 구도자는 하느님이 좋은 선물을 주시는 하느님이시라는 것과 영적인 길을 따라가는 일이 삶에 더 큰 차원을 더해준다는 것을 발견한다. 또한 여기서 그는 자신의 중독과 애착을 발견하기 시작하고, 멈칫거리면서도 하느님의 도움으로 그것들을 내버리기 위한 첫걸음을 내디딘다. 정화의 길에서, 그는 하느님의 선물에 담긴 풍성함을 체험하고 하느님이 베풀어주시는 선물을 하느님께 구하는 법을 배운다.

시간이 흐른 후, 나그네들은 하느님께 받아온 풍성한 선물이 말라버렸음을 발견한다. 이는 혼란을 가져온다. 하느님과의 친밀한 관계와 기도 응답에 대한 체험에 익숙해져서 결국엔 그것들을 놓치기 때문이다. 이 지점에서, 그들은 자신들이 무엇을 잘못하고 있는지 따져보고 노력을 배가하지만, 더 심각한 말라감과 좌절을 체험할 따름이다. 어떤 이들은 이 지점에서 영적인 삶을 포기하면서 자신들이 그 삶에 어울리지 않는다고, 더 나쁘게는 그 삶이 그저 상상의 산물일 뿐이라고 결론짓는다. 영성가들은 이 시기를 '첫 번째 어두운 밤' 혹은 '감각의 어두운 밤'으로 칭하는데, 이는 기도 응답에서 하느님의 선물이 사라질 때 나그네들이 체험하는 어둠과 혼란에 대한 감각을 가리킨다.

인내하는 이들은 조명의 길로 나아간다. 여기서 그들은 영적 여정이 선물을 주는 하느님에게서 선물을 받아내는 일에 대한 것이기보다는 자기 자신의 변화에 대한 것임을 배운다. 기도 가운데 자신이 원하는 것을 하느님께 주절주절 늘어놓기만 하는 대신, 귀를 더 기울이는 법을 배운다. 하느님이 자신의 기도를 빚어가시도록 하는 법을 배운다. 이는 영적 여정의 후반부로 들어가는 것이다.[25] 서구문화는 외적인 보상과 즉각적인 만족감에 중점을 두기에, 많은 서구인은 정화의 단계에 머물러 있으며 여정의 두 번째 단계를 향한 전환을 이루지 못하고 있다.

조명의 길 위에서 나그네들은 하느님의 일을 행할 위대한 에너지를 자신이 소유하고 있음을 발견한다. 이는 선행과 미덕이 꽃을 피우는 단계이다. 이 단계에서 나그네들은 과거의 자신 마냥 쉽사리 좌절에 굴복하지 아니하며, 시련을 통해 인내하기가 쉬워져 감을 알게 된다. 자유와 사랑, 옛 애착으로부터의 자유와 모두를 향한 사랑이 조명의 길을 특징짓는다. 어려움에 부닥친 이들을 향해, 자신의 다양한 이웃들을 향해, 그들의 결점에 개의치 않는 사랑이 솟아난다.

---

25 Margaret Benefiel, "The Second Half of the Journey: Spiritual Leadership for Organizational Transformation," *Leadership Quarterly* 16 (2005): 723-47, 및 *Soul at Work* (New York: Seabury Books, 2005)의 9장도 보라.

나그네는 조명의 길을 계속 걷다가 '두 번째 어두운 밤', '영혼의 어두운 밤'에 들어선다. 여기서는 기도에 대한 익숙한 접근방법이 더 이상 작동하지 않을 뿐만 아니라, 하느님조차 사라지신 것처럼 느낀다. 자신의 낡은 기도형식을 버리고 자신을 열어 새로운 무언가에 귀를 기울이려 하지만, 새롭게 하느님께 열려있는 길은 전혀 없는 것처럼 느끼게 된다. 바로 이때, 그는 하느님이 그가 원하는 것을 주시는 분이기에 하느님을 찾는 것이 아니라, 하느님 그 자체를 바라는 것을 배우게 된다. 이는 이해하기 어려운 배움이다. 특히 자기 자신의 영적 변화를 바랄 만큼 자신의 욕망이 크게 빚어진 경우라면 더욱 그렇다. 영적 나그네들에게 영혼의 어두운 밤에 대해 가장 많은 가르침을 준 16세기 스페인의 신비주의자 십자가의 요한John of the Cross은 하느님이 어두운 밤 동안에도 여전히 일하고 계심을 강조한다.[26] 나그네가 보기에는 아무 일도 일어나지 않고 하느님이 그를 버리셨더라도, 하느님은 숨겨진 방식으로 일하고 계신다.

때가 이르면, 영혼의 어두운 밤은 일치의 길에 자리를 내어준다. 여기서는 어두운 밤 동안 숨겨진 채 일어난 일이 드러나고 영혼은 하느님과의 연합을 체험한다. 이 지점에서 나그네의 자아와 삶 자체는 더 높은 선에 닿게 되며, 나그네는 모든 것을 완전히 버릴 수 있다. 영적 교사들은 이 내버림을 '항복'이라 칭한다. 월터 콘이 다음과 같이 말했듯 말이다.

제대로 이해한 사람은 자기 자신이나 개인의 도덕적 자율성이 아니라, 완

---

26 John of the Cross, *Ascent of Mount Carmel*, trans. Kieran Kavanaugh and Otilio Rodriguez, *The Collected Works of John of the Cross* (Washington, D.C.: ICS Publications, 1991). Gerald May, *Dark Night of the Soul* (San Francisco: Harper, 2004)도 보라.

벽한 자율성에 관한 자신의 환상을 항복시킨다. 이해되지 않는 신비로운 하느님과의 사랑에 전적으로 빠진 사람, 세상 바깥에서 온 사랑에 사로잡혀 사랑 안에 머무는 존재로 완전히 변화된 사람만이 그처럼 전적으로 항복할 수 있다.[27]

물론 신자 대부분은 이 자리를 힐끗 보고 잠시 거기서 살다가, 이내 더 자아중심적인 자리로 슬그머니 돌아간다. 영적인 길을 계속 걸어 나가며 시간이 지남에 따라 그들은 이 내버림의 자리에서 점점 더 온전히 살아가는 법을 배울 수 있다. 대개 이 자리에서 살아가는 리더들은 자신이 섬기는 사람들의 필요를 더 잘 채워주고 자기 조직에 더 유용하다. 그들의 자아가 더 높은 선에 관계하게 되었기에, 그들은 자신의 기량과 에너지를 자기 자아의 욕구를 채우기 위해 사용하는 대신 조직 전체의 선을 이루어가는 데 사용할 수 있다.

다음 쪽의 도표는 이처럼 세 부분으로 이루어진 길을 요약하고 있으며, 이 길은 각각 다음 단계로 갈수록 하느님을 향해 깊어진다(그래서 도표는 하향이다). 그 누구도 단번에 완전히 일치의 단계에 도달하지 못하기 때문에, 도표는 도식적일 따름이다. 현실의 과정은 (두 번째 도표에서 보듯) 나선과 훨씬 더 비슷하며, 나그네가 한 바퀴씩 다시 돌 때마다 점점 더 깊어져 간다.

영적 리더십에 관한 문헌들은 대부분 여정의 전반부에 초점을 맞춰왔

---

27 Walter Conn, *Christian Conversion: A Developmental Interpretation of Autonomy and Surrender* (Mahwah, N.J.: Paulist Press, 1986), 31.

기에,[28] 리더들은 후반부로의 초대를 뜻하는 폭풍우의 굉음을 듣기 시작하면서도 자기 안에서 자신과 함께 일어나고 있는 바에 대해 잘 알지 못한다. 게다가, 자기 조직이 후반부로 나아가게끔 도울 방법에 대해서는 거의 알지 못한다.

이런 이유로, 리더는 여정의 전반부와 마찬가지로 후반부도 이해해야만 하며, 전반부에서처럼 후반부를 통해서도 자기 조직과 함께 가는 방법을 알아야만 한다. 리더와 조직은 여정의 후반부를 어떻게 이해하고 나타낼 수 있을까? 리더는 어떻게 숙련된 실천가가 되어 후반부를 통해 자기 조직을 도울 수 있을까?

이 물음들에 답하기 위해 다음 부분에서는 1장에서 소개된 탐스오브메인을 실증 사례로 삼아, 그곳에서 밟아간 변화의 여정 중에서도 후반부에 특별히 집중해볼 것이다.

---

28 나는 다른 곳에서 피터 호킨스Peter Hawkins의 작업("The Spiritual Dimension of the Learning Organization," *Management Education and Development* 22 (1991): 172-87)과 윌리엄 토버트William Torbert 의 작업("Leading Organizational Transformation," in *Research in Organizational Change and Development*, vol. 3, ed. R. Woodman and W. Pasmore (Washington, D.C.: JAI Press, 1989): 83-116)을 인용했는데, 두 사람 모두 서로 다른 용어를 사용하지만 리더십과 조직 생활에서의 여정 후반부를 언급한다. 그들이 이 주제를 탐구하기 시작했지만, 이루어져야 할 작업이 많이 남아있다. Margaret Benefiel, "The Second Half of the Journey: Spiritual Leadership for Organizational Transformation," *Leadership Quarterly* 16 (2005), 723-47을 보라.

그림 1. 세 부분으로 이루어진 리더의 길(표)

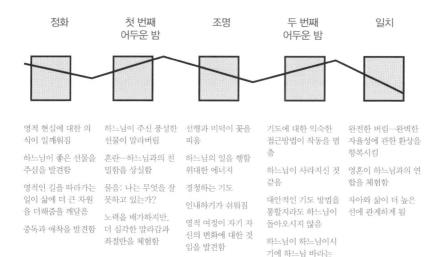

정화	첫 번째 어두운 밤	조명	두 번째 어두운 밤	일치
영적 현실에 대한 의식이 일깨워짐	하느님이 주신 풍성한 선물이 말라버림	선행과 미덕이 꽃을 피움	기도에 대한 익숙한 접근방법이 작동을 멈춤	완전한 버림—완벽한 자율성에 관한 환상을 항복시킴
하느님이 좋은 선물을 주심을 발견함	혼란—하느님과의 친밀함을 상실함	하느님의 일을 행할 위대한 에너지	하느님이 사라지신 것 같음	영혼이 하느님과의 연합을 체험함
영적인 길을 따라가는 일이 삶에 더 큰 차원을 더해줌을 깨달음	물음: 나는 무엇을 잘 못하고 있는가?	경청하는 기도	대안적인 기도 방법을 통할지라도 하느님이 돌아오시지 않음	자아와 삶이 더 높은 선에 관계하게 됨
중독과 애착을 발견함	노력을 배가하지만. 더 심각한 말라감과 좌절만을 체험함	인내하기가 쉬워짐	하느님이 하느님이시기에 하느님 바라는 것을 배워감	
		영적 여정이 자기 자신의 변화에 대한 것임을 발견함		

그림 2. 세 부분으로 이루어진 리더의 길(나선)

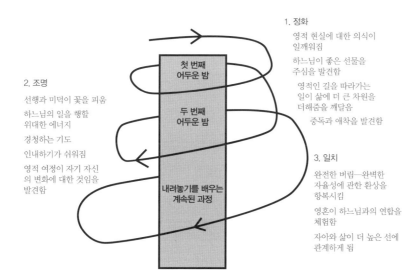

1. 정화
영적 현실에 대한 의식이 일깨워짐
하느님이 좋은 선물을 주심을 발견함
영적인 길을 따라가는 일이 삶에 더 큰 차원을 더해줌을 깨달음
중독과 애착을 발견함

2. 조명
선행과 미덕이 꽃을 피움
하느님의 일을 행할 위대한 에너지
경청하는 기도
인내하기가 쉬워짐
영적 여정이 자기 자신의 변화에 대한 것임을 발견함

3. 일치
완전한 버림—완벽한 자율성에 관한 환상을 항복시킴
영혼이 하느님과의 연합을 체험함
자아와 삶이 더 높은 선에 관계하게 됨

첫 번째 어두운 밤

두 번째 어두운 밤

내려놓기를 배우는 계속된 과정

조직의 변화

개인과 마찬가지로 조직도 영적 변화를 겪는다. 이 부분에서 우리는 탐스오브메인에 대한 고찰을 통해 조직의 변화를 검토해보고, 세 부분으로 이루어진 변화의 길을 톰과 케이트 채플 및 사업이 어떻게 한 몸이 되어 따랐는지 개괄할 것이다.

1장에서 언급했듯, 1970년에 세워진 탐스오브메인은 퍼스널케어 제품을 생산한다. 1968년, 톰 채플은 필라델피아 광역도시권 보험업계에서 직장생활을 성공적으로 누리고 있었다. 그러나 무언가 빠져 있음을 느낀 그와 아내 케이트는 자녀들과 함께 꿈과 기도만을 품고 새로운 방향을 찾아 메인주로 이사했다.

회사의 첫 10년간, 톰과 케이트는 정화의 길을 밟아나갔다. 회사를 세우면서 영적인 길을 택해 가치를 최우선시하고 그 길에 따르는 수많은 심각한 도전에 직면했다. 영적인 원칙들을 충실히 지킴으로써, 톰과 케이트는 적은 예산으로 제품을 개발하고 이례적인 사업에 알맞은 직원들을 찾아야 하는 초기의 도전을 극복했다. 정화의 길로 기능한 사업 초기에 톰과 케이트는 상황이 좋을 때나 나쁠 때나 자신들의 가치를 고집함으로써 튼튼해졌다. 1981년에 이르러 그들은 강력한 직원, 성공적인 제품(탐스오브메인 치약), 충성도 높은 고객을 자랑했다. 회사의 사기는 높았고, 받은 것을 지역사회에 되돌려주고 있었으며, 재정적으로도 성공적이었다. 톰과 케이트의 꿈으로만 있던 사업은 10년 만에 150만 달러 규모의 회사로 성장해있었다. 톰과 케이트는 그것이 영적인 길을 따름으로써 실현될 수 있는 선물임을 알고 있었다.

1981년에 그들은 회사를 훨씬 더 크게 키워갈 준비가 다 되어 있었다. 그들은 자신들이 치약을 파는 건강식품 가게를 넘어 슈퍼마켓과 약국 체인으로까지 확장할 수 있음을 깨달았다. 1980년대 초 그들은 자신들을 도울 마케팅 및 재무 전문가들을 채용하여 중견기업으로의 전환을 이루었으며, 시장 점유율을 놓고 공격적으로 대기업들과 경쟁했다.

그러나 1986년 즈음, 톰은 벽에 부딪혔다. 회사를 확장하기 위해 노력해왔고, 시장 점유율을 확보하기 시작했으며, 재정적으로도 번창하고 있었지만, 톰은 행복하지 않았다. 겉으로는 성공적이었지만 속으로는 비참했다. 회사의 마케팅 및 재무 전문가들과 계속해서 갈등이 일어났다. 그들은 새로운 시장에서 치약이 더 잘 팔리는 데에는 더 좋은 향이 나는 인공 원료가 도움이 될 것이라고 주장했다. 재활용할 수 없는 더 싼 포장을 하자고 주장했다. 톰과 케이트가 고객을 잘 대접하는 것이 지나치다고, 그들의 원칙을 더 많이 생략해야 한다고 말했다. 그들은 톰에게 이 새로운 확장 시기에 성공하길 원한다면 자기 원칙 중 일부를 내버릴 필요가 있다고 이야기했다.

낡은 방식은 더 이상 효과적이지 않았다. 톰과 케이트는 사업 성공을 이루기 위해 실로 자신들의 원칙을 포기해야 할 필요가 있는지 궁금해했다. 어쩌면 그 원칙들이 사업가가 이끄는 영세한 회사에는 큰 도움이 되지만 다음 수준으로의 성장에는 방해가 되었을지도 모른다. 어쩌면 그들이 사업에서 완전히 떠나야만 했는지도 모른다. 원칙을 지키며 살아갈 수 있는 다른 어딘가로 그들이 가버릴 수는 없었을까? 톰은 신학교에 마음이 끌렸다. 어쩌면 그가 사역에 부름을 받은 건 아닐까. 영적 원칙과 사업적 성공은 더 이상 어우러지지 않는 듯했다.

톰과 케이트에게 이 벽은 전환 시기, 즉 '첫 번째 어두운 밤'의 전조였고, 여정의 후반부에서 첫 단계에 해당하는 조명의 길을 향한 초대였다. 낡은 방식이 작동을 멈추었을 때, 그들은 영적인 길이 성장하는 사업에는 지나치게 이상적이라고 결론지으며 그 길을 쉽게 포기해버릴 수 있었다. 아니면 자신들이 채용한 마케팅 및 재무 전문가들과 함께 더 많은 갈등 및 좌절을 빚어가면서 계속 낡은 방식으로 사업을 해나가려 시도할 수 있었다. 원칙대로 살아가려면 사업이 소규모로 유지되어야만 한다고 결론지으며 확장을 완전히 포기해버렸을 수도 있었다.

다행히 톰과 케이트는 이런 일 중 어느 것도 하지 않았다. 대신 그들은 영적으로 더 깊어지기를 선택했고, 결국 자신들의 사업을 조명의 길로 이끌었다. 그들은 스스로 모든 답을 알아낼 수는 없다는 것을 깨달았다. 자신의 탐구가 어디로 이어질지 모르지만 자기 영혼에 귀를 기울여야만 한다는 것을 안 톰은 신뢰하는 영적 조언자에게 조언을 구했다. 그는 어린 시절부터 알고 지냈던 성공회 사제를 찾아갔다. 오직 이 하나의 물음만을 들고서 말이다. '무슨 일을 하도록 하느님은 우리를 부르고 계실까?'[29]

톰이 말콤 에켈Malcolm Eckel 신부에게 자신이 사업에서 느끼고 있는 좌절, 커져가는 공허감, 신학교에 가야 할 것 같은 은근한 느낌에 관해 이야기하자 에켈 신부는 이렇게 경고했다. '성직자가 되는 것이 언제나 세상에서 가장 좋은 해결책은 아닙니다.' 부엌에서 점심을 준비하고 있던 에켈 신부의 아내 코니Connie도 끼어들었다. '탐스오브메인이 당신의 사역이

---

29 Tom Chappell, *The Soul of a Business* (New York: Bantam, 1993), 8. [비즈니스의 혼, 중앙M&B]

아닐지 어떻게 아시나요?"[30] 그 물음은 톰을 괴롭혔다. 문제는 그대로 남아 더 복잡해졌다.

적어도 톰과 케이트의 가까운 미래를 위해, 톰은 최고경영자CEO로서 사업을 계속해나가는 동시에 한 주에 이틀은 하버드신학대학원Harvard Divinity School에도 다니기로 했다. 톰은 첫 번째 수업에서 바로 자신이 찾고 있던 답을 부분적으로나마 발견했다. 톰은 신학교에서 자기 영혼을 위한 자양분을 찾았고, 사업의 영혼을 인지하고 이해하는 법도 배웠다. 그는 영적 가치를 최우선시하는 것이 자신에게 진실할 수 있는 유일한 방법임을 이해하며 자신과 케이트가 탐스오브메인을 세울 때 기초가 되었던 영적 원칙들을 되찾았다. 그는 탐스오브메인의 영혼을 분명하게 표현하고 발전시키는 방법을 배웠다.

1986년에 톰이 부딪혔던 벽은 자기 영혼으로 향하는, 그리고 뜻밖에도, 사업의 영혼으로 향하는 창이 되었다. 영혼을 최우선시함으로써 톰은 조명의 길에 접어들었다. 그는 에너지와 비전을 되찾았다. 사업도 자신과 케이트가 원래 계획했었던 방침, 즉 가치에 기반한 방침 위로 되돌려 놓았다.

사업은 다시 번창했다. 톰은 회고 가운데 이렇게 단언했다. "신학 공부는 제가 지금껏 내려온 사업적 결정 중 가장 잘한 결정이 되었습니다."[31] 역설적으로 그가 사업적 성공 추구를 중단하자 사업적 성공이 그를 찾아왔다.

---

30 같은 곳.
31 같은 책, 10.

톰과 케이트는 탐스오브메인이 조명의 길, 곧 여정의 후반부에 진입하도록 이끌었다. 여정 후반부에서는 원칙이 제공해주는 물질적 이득 때문이 아니라 원칙 그 자체를 위해 영적 원칙이 채택되고 최우선시된다. 물질적 이득은 부수적으로 뒤따랐다.

동시에 여정에는 어려움이 없지 않았다. 톰은 신학교에서 자기 영혼을 되찾았고 회사의 영혼을 발견했다. 그와 케이트는 원래의 가치와 비전에 다시 몰입했다. 그러나 여전히 회사를 이끌어가는 이들을 조명의 길로 초대해야하는 과제가 남아있었다. 지난 10년의 성장 동안 낡은 사업 문화를 지속하고 그것에 동화되어버린 탐스오브메인의 문화를 바꾸어야만 했다.

톰과 케이트는 시행착오를 거치며 회사의 영적 원칙을 더 분명히 표현하고 심화시킬 방법을 점차 발견해나갔다. 그들이 서서히 회사 전체를 조명의 길로 이끌어감에 따라, 이후의 10년은 수많은 우여곡절을 통해 원칙을 심화시켜간 시기로 자리매김했다. 1989년, 톰은 탐스오브메인 지도부 수련회를 이끄는 자리에 하버드신학교 교수 리처드 니버Richard R. Niebuhr를 초대했다. 톰은 자신이 만났던 철학자와 신학자를 지도부가 똑같이 만날 수 있다면, 자신과 케이트가 붙잡은 비전을 그들도 똑같이 붙잡을 것이라고 믿었다. 그해 6월, 지도부는 메인주의 한 리조트에서 열린 이틀간의 수련회에 참석해 임마누엘 칸트의 철학 및 그 철학이 탐스오브메인에 시사하는 바에 주목했다. 실리를 따지는 사업 리더들을 철학적 사색으로 초대한 톰은 자신이 모험 중임을 알고 있었다. 몇몇은 의혹을 품고 수련회에 참석했지만, 시간이 지나자 모든 이가 대화에 참여했다. 철학과 가치를 주제로 토론하는 일은 언제쯤 다시 수익에 집중하게 될 것인지 궁금해한 다른 이들에게는 그렇지 않았지만, 몇몇 사람들의 흥미를 자극했다. 누군가가 대립하는 듯 보이는 견해들을 종합하여 다음과 같은 신념을 분명히 표현하자 돌파의 순간이 발생했다. "우리는 기업이 재정적으로 성공하고, 환경적으로 세심하며, 사회적으로 책임감이 있을 수 있다고 믿습니다."[32]

첫걸음이 이루어졌다. 회사의 지도부는 가치에 동참했다. 리더들은 수익, 사람, 지구가 동반자가 될 수 있다는 것을 깨달았다. 이어질 걸음은 회사 전체가 동참하도록 초대하는 것이었다. 톰과 케이트는 신념 선언문와 사명 선언문의 새로운 초안을 두고 모두의 의견을 구했다. 두 진술서 모두 지도부 수련회에서 마련된 초안 목록에서 발전시킨 것이었다. 많은 이가 그 모임의 가치에 대해 의구심을 품게 되었지만, 거의 모든 이가 참여했다. 완성된 선언문은 다음과 같다.

신념 선언문

◆ 인간과 자연 모두 가치를 내재하고 있으며 우리의 존중을 받을 자격이 있다고 우리는 믿습니다.

◆ 안전하고 효과적이며 천연 원료로 만들어진 제품을 우리는 믿습니다.

◆ 우리 회사와 우리 제품이 독특하고 가치 있으며, 혁신과 창의성에 대

---

32 같은 책, 30.

한 지속적 몰입으로 이처럼 진정한 품질을 유지할 수 있다고 우리는 믿습니다.

◆ 우리에게는 동료, 고객, 점주, 대리점, 공급업체, 지역사회와 이룰 수 있는 최고의 관계를 일구어갈 책임이 있다고 우리는 믿습니다.

◆ 직원들에게 안전하고 만족스러운 근무 환경 및 성장하고 배울 기회를 제공해주어야 한다고 우리는 믿습니다.

◆ 우리 회사가 사회적으로 책임감 있고 환경적으로 세심한 방식으로 움직이면서 재정적으로 성공할 수 있다고 우리는 믿습니다.

사명 선언문

◆ 안전하고 효과적이며 혁신적인 고품질 천연 제품을 제공함으로써 고객 섬기기.

◆ 제품 사용을 넘어 충분하고 정직한 대화, 피드백에 대한 응답, 제품과 문제에 대한 정보 교환 등으로 확장되어가는 고객 관계 형성하기.

◆ 고객뿐만 아니라 동료, 점주, 대리점, 공급업체, 지역사회도 존중하고 귀하게 여기며 섬기기; 그들의 건강과 행복에 관심을 두고 이바지하며, 그들에게 신뢰받을만하도록 정직하게 운영하기.

◆ 의미 있는 일, 공정한 보상 및 개방성, 창의성, 자기 훈련, 성장을 장려하는 안전하고 건강한 근무 환경 제공하기.

◆ 목표에 대한 각 사람의 기여가 지닌 가치를 인정하고 업무에서 팀워크 함양하기.

◆ 자연 세계를 존중하고 지속시키는 제품과 정책으로 차별화하기.

◆ 환경, 인간적 필요, 예술, 교육에 우리의 시간, 재능, 자원 일부를 쏟

음으로써 메인주와 전 세계 지역사회가 지닌 관심사를 다루기.

◆ 회사의 장기적 가치와 지속가능성에 이바지하기 위해 함께 일하기.

◆ 사회적, 환경적으로 책임감 있는 방식으로 행동하면서 수익성 있고 성공적인 회사 되기.[33]

사명 선언문과 신념 선언문은 모두의 의견을 반영하여 만들어졌다. 그러나 이 선언문의 내용대로 살아가야 하는 과제가 놓여있었다. 선언문을 소개하고 직원 의견을 요청하기 위해 초기 모임을 가진 것은 시작일 뿐이었다. 매일의 삶 가운데서 실제로 사명을 살아내는 일은 또 다른 문제였다. 지난 10년간 만들어진 회사 구조가 그것을 방해했다. 공장에서 창고로 배달된 화물 운반대에 누군가가 '불가능한 사명Mission Impossible'이라는 낙서를 갈겨놓았을 때, 톰은 자신이 곤경에 빠졌음을 알았다.

톰과 케이트는 시행착오를 통해 회사의 사명을 실행하는 방법을 배우며 다음 해를 보냈다. 그들은 사명 실행이 사명 표명만큼 어렵다는 사실, 사명을 실행하는 일이 회사에 큰 비용 부담이 된다는 사실을 배웠다. 직원들은 사명을 진심으로 받아들이기에 앞서 리더십이 얼마나 진지하게 사명을 수행하는지 지켜본다는 사실을 배웠다. 심지어 어떤 직원들은 그저 톰이 지닌 중년의 위기감이 사명으로 표출된 것은 아닌지 궁금해하기도 했다.

사명을 실행하기 위한 첫 번째 노력은 세 단계로 이루어졌다. 먼저, 톰은 회사 내 소모임을 만들어 직원들이 평상시의 업무에서 벗어나 함께 즐

---

33 같은 책, 32-33.

겁게 지내면서 사명 실행에도 집중하도록 유도했다. 조직 개발을 전공한 이사회 구성원 펄 러틀리지Pearl Rutledge의 도움으로, 오후 시간은 사명을 살아내는 일을 향한 첫걸음을 잘 내딛도록 기획되었다. 직원들은 함께 하루를 보내고, 즐거워하고, 서로를 더 잘 알게 되고, 사명을 함께 나누었다. 그들은 탐스오브메인의 사명 중 직원을 위한 부분을 얼마나 잘 지켜내고 있는지를 살펴보았다.

> 고객뿐만 아니라 동료도 존중하고 귀하게 여기며 섬기기 - 그들의 건강과 행복에 관심을 두고 이바지하며, 그들에게 신뢰받을만하도록 정직하게 운영하기. 목표에 대한 각 사람의 기여가 지닌 가치를 인정하고 업무에서 팀워크 함양하기.

경청에 몰입한 톰은 모임의 정직함에 깊은 인상을 받았다. 모인 이들은 다음과 같은 목록을 만들어냈다.

- ◆ 내 요구에 귀 기울일 만큼 신경 써주는 회사에서 일하는 것이 감사하다.
- ◆ 나는 여기서 존중받는다고 느끼지 않는다.
- ◆ 도로 보수공사가 필요합니다. 도로에 파인 구멍들이 제 새 차를 망가뜨리고 있어요.
- ◆ 나는 존재 자체로 인간이지, 일함으로써 인간이 되는 게 아니라고!
- ◆ 사내 소식지가 필요하다.

- ◆ 우리는 인간적이다. 모두 지나치게 인간적이다.
- ◆ 사옥이 엉망진창이다.
- ◆ 보육시설이 필요하다.
- ◆ 여기에 재활용센터가 필요하다.
- ◆ 재미있는 행사는 가족들과 함께 더 자주 갖자.
- ◆ 모든 곳에 건의함을 놓는 건 어떨까요?[34]

회사의 몇몇 장소에 목록을 게시하면서, 톰은 미룰 필요 없이 다루어질 수 있는 항목들에 대해 즉시 조처했다. 공장을 새로 칠하고, 도로를 보수하고, 소식지를 승인하고, 직원들의 보육비를 분담하고, 안전 절차를 개선하고, 건의함을 놓는 것은 모두 톰이 사명 선언문과 직원들의 관심사를 진지하게 받아들였다는 사실을 직원들에게 확신시키는 데 도움이 되었다.

사명 실행에 대한 두 번째 문제는 톰의 참여 수준과 관련되어 있었다. 사명 실행을 위한 고투 가운데 자기 역할을 진지하게 받아들이고 탐스오브메인을 위해 최선을 다하고자 한 사람으로서, 톰은 사명 실행 위원회에 사장이 속해있다는 사실이 일부 직원들에게 두려움을 준다는 사실을 사내 공동체 생활 코디네이터에게서 듣고 놀랐다. 톰은 사명 실행 위원회에서 물러났다. 겁먹을 필요가 없어진 직원들은 자신들의 두려움을 자세히 설명했다. 그들은 사명이 자신들에게 더 큰 부담을 주지는 않을까, 사명을 살아내는 일이 자신들의 일을 해내는 것과 상충하지는 않을까, 사명은

---

34 같은 책, 42-43.

그저 '톰의 사명'이 아닐까 두려워했다.[35] 이러한 두려움에 대해 알게 된 톰은 직원들의 관심사에 귀를 기울이고 응답하기 위해 더욱 노력했다.

사명 실행에서의 세 번째 요소로서 탐스오브메인은 정기적인 축하 행사를 열기 시작했다. 행사 기간에는 제조 기계도 작동을 멈추었고, 회사에 있는 모든 사람이 음식을 먹고 대화를 나누며 출산, 은퇴, 생일, 기념일 같은 시기들을 축하하기 위해 모였다. 이 모임은 직원들이 개인적으로 서로를 알아가는 데 도움이 되었고, 직장에서 매일 일어나는 상호작용을 인간화하는 데 도움이 되었다. 그들은 사람으로서 존중을 받고 가치를 인정받는다고 느꼈다.

탐스오브메인의 이사회가 사명 선언문과 신념 선언문을 채택한 이후 첫해가 끝나갈 무렵, 사명은 회사 내에 확고히 자리 잡은 듯했다.

그 후 몇 년 동안 톰과 케이트 및 회사는 자신들이 표명했던 가치를 살아내는 일에 갈수록 더욱 깊이 빠져들었다. 다양한 도전을 극복하면서 그들의 가치는 계속 점검되었다. 가끔의 격렬한 논쟁과 불확실한 결과에도 불구하고 매번 그들은 궁극적으로 자신들의 가치에 충실하기로 선택했고, 그렇게 함으로써 자신들의 영적 정체성을 심화시켰다. 그들은 여정의 후반부를 밟아나가면서 조명의 길 위에서 방향을 유지했다.

그들이 마주한 도전 중 하나는 탐스오브메인의 한 제품에 관련된 것이다. 회사는 천연 원료를 사용하기 위해 노력했는데, 이에 사내 제품개발팀은 인동덩굴 성분 냄새 제거제의 제조법을 바꿔 이끼(천연 냄새 제거성분)를 더하고 프로필렌글리콜(석유제품)을 식물성 글리세린으로 대체했다. 새

---

35 같은 책, 40.

제조법은 예비 검사에서 승인을 받았고, 제품이 고객에게 출시되었다.

두 달 만에 분노의 전화와 편지가 쏟아져 들어왔다. 고객 절반이 신제품에 만족했지만, 나머지 절반은 새 제품이 반나절만 지나면 효과가 없어진다고 항의했다. 이끼 함량을 늘리는 것은 도움이 되지 않았다. 제품을 취급하는 가게들과 탐스오브메인 고객서비스부서는 산사태처럼 쏟아지는 불만을 처리하느라 어쩔 줄 몰랐다.

회사의 마케팅 및 판매부서는 제품 리콜을 주장했다. 리콜은 40만 달러의 비용을 지출해야 했고, 이는 당해 예상 수익의 30%에 대한 포기를 의미할 것이었다. 그러나 그들 부서는 사명 선언문의 내용을 잊지 않았다.

> 안전하고 효과적이며 혁신적인 고품질 천연 제품을 제공함으로써 고객 섬기기.

새로운 인동덩굴 성분 냄새 제거제는 기대를 고객의 충족시키지 못했다. 탐스오브메인은 수익 대 가치라는 도덕적 딜레마에 직면했다. 결국 지도부는 손실을 처리하기 위해 사전 계획된 마케팅 투자를 줄이고 성장을 늦추는 데 동의했고, 톰은 리콜을 승인했다.

다시 한번, 탐스오브메인은 가치를 최우선시하기로 선택했다. 결과적으로, 이 결정으로 인해 입은 회사의 손실은 장기적으로는 이득이었음이 드러났고, 고객 충성도 및 정직함에 대한 회사 평판을 높여주었다. 그러나 이를 결정하던 그 시기에 그 조치는 위험해 보였다. 탐스오브메인은 그 결정의 불확실한 결과에도 불구하고 올바른 바를 행하기로 선택했다.

탐스오브메인의 가치는 주요 광고 캠페인에 의해서도 시험대에 올랐다. 회사는 광고를 확대하기로 결정한 이후, 톰은 저명한 광고 책임자 에드 맥케이브Ed McCabe에게서 연락을 받았다. 그는 자신이 함께 사업을 벌이고 싶은 회사가 바로 탐스오브메인이라고 말했다. 두 사람은 동반자 관계에 대한 견해를 나누었고, 서로 잘 어울린다고 느끼며 일을 함께 진행하기로 했다. 한 번의 잘못된 광고(톰이 보기에 고객에게 거들먹거린 광고) 이후, 톰은 회사의 가치와 고객을 향한 회사의 접근방식을 더 분명하게 설명하려 애썼다. 이에 응한 대행사는 "간단한 지혜"라는 문구를 사용하여 메인주의 사람들과 지리적 특징을 보여주는 캠페인을 제시했다. 표어가 톰에게 좋은 인상을 주지는 못했지만, 그는 인가를 내주었고, 몇 주 지나지 않아 광고는 문제에 휘말렸다. 캠페인이 송출되자 한 이사회 구성원이 전화를 걸어 광고가 회사의 가치를 반영하지 않는다고 말했기 때문이다. 톰은 이사회 구성원이 옳다는 것을 직감적으로 알았고, 에드 맥케이브에게 광고를 내리라고 말했다. 당연히 광고 대행사는 이 결정을 불쾌해했다. 탐스오브메인처럼 흔치 않은 회사의 광고 제작을 대행사에게 의뢰하기 위해서는 회사에 관한 더 많은 정보를 주어야만 함을 깨달은 톰과 케이트 및 마케팅 부서는 회사가 지지하는 바를 명확하게 하는 작업에 착수했다. 성서의 창세기와 T.S.엘리엇Eliot의 시에서 영감을 얻은 팀은 새로운 의사소통 전략을 위한 자신들의 목표를 열거했는데, 일부분은 다음과 같다.

- ◆ 제품 특색 및 회사 가치 교육하기
- ◆ 고객과 더불어 가치를 공유하고, 공통 토대의 감각 형성하기
- ◆ 인지 형성, 체험 사용 유도, 반복 판매 강화를 통해 우리 제품으로 고객 전환하기
- ◆ 우리의 제품 및 정체성과 다른 사람들 안에 있는 선善을 확신하기[36]

톰은 이 목록을 에드 맥케이브에게 전달했다. 멕케이브는 이 철학은 광고가 아니라 PR_public relations에 속한다고 주장했지만, 톰의 입장에는 변함이 없었다. 그들은 포커스 그룹들과 함께 목표를 시험해보는 데 동의했고, 압도적으로 긍정적인 반응을 관찰한 맥케이브는 광고를 다시 제작해보기로 합의했다. 그는 회사가 말하는 '선의 공동 창조'라는 표현으로 뜻한 바가 무엇인지 더 말해달라고 톰에게 부탁했다. 훨씬 더 많은 대화가 오간 뒤, 맥케이브의 팀은 또 다른 광고의 초안을 마련했다.

"보시기에 심히 좋았더라…"
당신은 재활용에 관심이 많습니다. 제품성분표를 꼼꼼하게 읽습니다. 그런데 왜 오래된 똑같은 치약을 사용하고 계십니까? 우리가 만든 치약, 충치를 예방하는 불소가 함유된 천연 원료 치약은 우리의 믿음을 담고 있습니다. 한 기업이 지구와 사람들에게 책임감을 가질 수 있다는 믿음입니다.[37]

---

36 같은 책, 89.
37 같은 책, 96.

톰은 대행사가 회사의 가치를 정말로 '이해했다'고 느꼈다. 그리고 최종적으로 이 광고가 게재되었다.

이 과정에서도 톰과 케이트는 자신들의 가치를 유지했다. 광고 전문가의 조언에 굴복하거나, 심지어는 탐스오브메인과 같이 특이한 회사는 매디슨 애비뉴Madison Avenue 광고 대행사가 정확히 표상해낼 수 없다고 결론지으며 캠페인을 완전히 포기해버리기가 쉬웠을 터였다. 그러나 훌륭하게도 톰과 에드 두 사람은 자신들이 효과적인 캠페인을 제시하게 될 때까지 집요하게 계속 협력했다. 그 과정에서, 톰과 케이트는 자신들의 가치를 표명해나가는 작업을 계속했고, 그 결과는 아무도 예측할 수 없었던 것이었다.

탐스오브메인의 1989년부터 1996년은 조명의 길 가운데서 깊어진 동시에 사업적으로도 성장한 시기였다. 회사는 여정의 후반부에 접어들었으며 수년간 지속적인 변화를 계속 경험했다. 1996년, 톰과 케이트 및 회사 전체는 일치의 길, 가장 깊은 수준의 변화로 나아갈 기회와 마주했다. 그러나 먼저 그들은 '두 번째 어두운 밤', '영혼의 어두운 밤'을 겪어야만 했다.

어두운 밤

리더 개인이 어두운 밤에 접어들 듯, 조직도 어두운 밤에 접어들 수 있다. 1996년, 탐스오브메인이 그랬다. 1992년부터 1996년까지의 시기는 톰과 케이트를 지치게 했다. 1992년의 제품 리콜은 큰 손실이었다. 회사는 40만 달러짜리 리콜 및 관련 매출 손실에서 꾸준히 회복하고 있었지만, 회복에는 대가가 따랐다. 재정적 회복 여부의 우려는 경영진을 자극해 가치에 대한 톰과 케이트의 집중을 흔들었고, 내부 정치는 격화되었다. 톰과 케이트는 일부 인원을 내보냈다. 톰은 탈취제의 실패로 발생한 손실을 되찾기 위해 노력하며 바쁘게 움직였다. 경쟁사들은 탐스오브메인의 최고 인기 제품인 베이킹소다 치약을 성공적으로 모방했고, 이는 탐스오브메인의 매출을 더욱 위태롭게 만들었다.

게다가, 탐스오브메인은 이제 사업가가 이끄는 영세한 회사가 아니라 중견기업으로서의 리더십이 필요해졌다. 25년 동안은 꾸준히 성장했지만, 이 시기에 이르러 회사의 성장이 이전 같지 않았기 때문이다. 탐스오브메인은 시장에서의 창의적 우위를 상실했다. 3년 동안 어떠한 신제품도 생산되지 않았다. 과학자, 마케팅 전문가, 연구개발 전문가로 구성된 15인 규모의 사내 제품개발팀은 계속 제품개발을 중단해버렸다. 톰은 그 팀을 "제품보다는 정치에 관심이 많은"[38] 곳이라 말했다. 톰과 케이트만으로는 회사를 성장시킬 수 없었지만, 경영진은 회사를 다음 수준으로 도약시킬 비전을 갖고 있지 않았다.

외부 퍼실리테이터의 도움을 받아, 톰과 케이트는 회사의 미래를 함께 나누기 위해 가족회의를 가졌다. 다섯 자녀들은 회사가 그들의 삶에서 중요한 역할을 해 온 것이 사실이고 일부 자녀들은 향후 몇 년간 시간제나 단기로 회사와 함께 일해보길 원했지만, 그들은 회사 운영이 아닌 다른 꿈을 우선순위에 두고 있었고, 회사를 통해 장기적인 경력을 쌓을 생각을

---

38 Tom Chappell, *Managing Upside Down: The Seven Intentions of Values-Centered Leadership* (New York: Morrow, 1999), 20.

하고 있는 자녀는 없었다. 자녀들의 꿈을 알게 된 것뿐만 아니라, 케이트 또한 자신이 해오던 그림을 그리고 시를 쓰는 일에 더욱 시간을 쓰고 싶다는 것을 깨닫게 되었다. 톰은 자기 자신을 비롯해 모두를 놀라게 했는데, 자신이 회사 운영보다도 가르치는 일과 글쓰기에 마음이 더 끌린다는 사실을 스스로 인정했다. 회의 결과, 가족 중 누구도 회사를 다음 수준으로 도약시킬 에너지를 갖고 있지 않았다.

톰과 케이트는 가족회의 결과와 탐스오브메인에서 일어나고 있는 다른 모든 상황을 고려하여 회사를 매각하는 방안을 모색해보기로 했다. 그들은 회사를 다음 수준으로 도약시킬 수 있는 동반자, 비전, 에너지, 자원을 가지고 자신들이 할 수 없었던 일을 해낼 동반자를 원했다. 이전에도 대형 기업들이 탐스오브메인을 사들이는 데 관심을 보였기 때문에, 그들은 자신들의 비전을 이어갈 동반자를 찾을 수 있을 것이라는 희망에 부풀었다. 두 사람은 공명정대하게 직원들과 의사소통했고, 자신들이 회사 매각을 고려 중이라는 사실을 알렸다. 또한 예상 인수자들과 직원들에게 회사가 메인주에 남고, 탐스오브메인 전 직원의 고용이 유지되고, 천연 원료 사용을 지속하며, 동물 실험을 하지 않을 것이 확인되는 경우에만 매각할 것임을 분명히 해두었다.

그러나 잠재적인 인수자들을 계속 조사하는 과정에서 톰과 케이트의 희망은 무너져내렸다. 예상되는 인수자들과 대화를 할수록 희망이 사라지는 것 같았다. 인수자들은 브랜드와 최고 인기 제품들 때문에 탐스오브메인을 원했지만, 회사를 메인주에 남겨두거나 회사의 가치를 고수하는데는 관심이 없었다. 회사를 옮기면 직원 대부분이 일자리를 잃을 것이었다. 톰과 케이트는 자신들이 회사를 매각하면 브랜드만 남을 것이었음을 깨달았다. 회사는 지금까지 있어 온 것의 껍데기에 불과해질 것이었다.

톰과 케이트는 내동댕이쳐진 희망으로 낙담했고, 앞으로 나아갈 길을 볼 수 없었다. 25년 동안 그들이 키워온 사업의 영혼이 시들어버린 것 같았다. 톰과 케이트는 자신들의 모든 가능성을 다 써버렸다고 느꼈고, 영혼을 담아 일하는 것의 결과는 이것이 아닐까 생각했다. 리더로서의 톰과 케이트뿐 아니라 회사 자체도 영혼의 어두운 밤에 접어들었다.

여명: 일치의 길

회사를 매각하게 되면 가족들은 자유를 얻을 수 있는 상황이었지만, 결국 톰과 케이트는 탐스오브메인을 팔지 않기로 했다. 그들의 가치가 승리한 것이다. 인수자를 찾는 과정은 톰과 케이트에게 가장 중요한 것이 무엇인지를 명확하게 해주었다. 톰과 케이트가 추구하는 가치는 더 높은 선에 닿아있었다. 회사 매각이 회사의 가치 상실을 의미한다면, 그렇다면 그들에게 그것은 할 가치가 없는 일이었다. 그들의 가치는 가장 위대한 선이었다.

> "그건 제 인생에서 가장 큰 전환점 중 하나였습니다. 그리고 저, 제 가족, 제 회사, 저희를 인수하고 싶어 했던 세계적인 거물들보다 더 큰 무언가와의 이어짐에 관한 증거이기도 했지요. 선하신 분의 개입이 있었습니다. 저희 인생의 작품이 곧 현금으로 바뀌려 하는 순간, 저희는 우리 회사가 이윤을 창출하는 기업 이상의 것이었음을 깨달았습니다. 탐스오브메인은 치약,

구강청결제, 여타의 퍼스널케어 제품만이 아니라 가치를 팔고 있었습니다. 저희는 저희의 사명을 굽힐 수 없었습니다."[39]

가치를 뚜렷하게 하는 과정을 통해 새 에너지가 생겨났다. 톰과 케이트는 새로운 제품 개발을 위한 열정을 품고 다시 회사로 돌아갔다. 그들은 비생산적이었던 지난 3년을 만회해야만 한다는 것을 알았다. 톰은 침체에서 벗어나기 위해 '도토리'라는 새로운 제품개발 접근방식을 만들어냈다. 과거 복잡했던 15인 규모 제품개발팀을 대체하여 도토리를 활용함으로써 톰은 회사 초기에 정말 많은 신제품을 만들어냈던 기업가 정신을 회복하기 위해 애썼다.

수호자, 과학자, 시장 조사원으로 구성된 3인 규모 도토리는 자신들의 임무를 받아들였다. 바로 신속하게 신제품을 만들어내는 것이었다. 수호자는 회사의 사명과 일치하는 신제품에 대한 발상을 제시하고, 과학자는 그 발상이 실현될 방법들을 찾아내고 실험해봄으로써 비전에 이바지했다. 시장 조사원은 그 발상이 펼쳐질 시장을 평가하기 위해 탐스오브메인 고객들을 조사하는 역할을 맡았다.

새로운 방식은 깜짝 놀랄 만큼 성공적이었다. 18개월도 지나지 않아, 처음의 네 도토리는 회사의 제품 수를 두 배로 늘릴 수 있었다. 톰과 케이트는 더 많은 도토리를 구성했다. 첫 도토리를 구성한 지 2년 만에 제품 수는 27개에서 117개로 늘었다. 시들어가던 회사가 새로 태어났다.[40]

---

39 같은 책, 12.
40 같은 책, 23.

톰과 케이트는 회사를 도약시키기 위해 톰의 동반자, 즉 최고운영책임자coo가 필요하다고 생각했다. 그러나 적임자를 찾는 일은 두 가지 이유로 불가능해 보였다. 첫째, 톰이 정말로 다른 누군가가 회사의 일상을 운영해나가도록 완전히 허락할 수 있었을까? 자기 회사가 홀로 경영할 수 없는 규모에 이르러도 권한을 잘 넘기지 않는 것으로 소문난 기업가들이 회사를 더 성장시키려다 제 무덤 파기를 반복한 사례는 이미 많았고, 톰이 바로 그런 기업가적 성격을 갖고 있었다. 둘째, 톰은 회사를 운영해본 경험이 있으면서, 탐스오브메인의 가치를 공유하는 최고운영책임자를 원했다. 과거 경험에 비추어보아, 요건에 딱 맞을 사람을 찾아내는 것은 불가능할 것 같았다.

하지만 톰은 단념하지 않았다. 먼저 그는 헤드헌팅회사를 찾아가 보았다. 여기서 어떤 사람을 거의 채용할 뻔했지만, 결국 그렇게 되지 않았다. 그러나 톰은 자기 꿈의 가능성을 계속 믿었다. 그러던 어느 날, 뉴욕에 있는 성공회 신학대학원General Theological Seminary에서 성공회 주교 모임에서 자원봉사를 하다가 우연히 해결책을 발견했다. 그는 그 자리에 있던 자신의 친구 중 한 사람에게 탐스오브메인 최고운영책임자로 일해 볼 생각이 있는지 물어보았고, 그녀는 프록터앤드갬블Proctor & Gamble 임원인 톰 오브라이언Tom O'Brien을 추천했다.

톰 오브라이언이 면접을 보러 왔다. 회사 가치에 대한 이해와 실천에 있어서 그는 '톰에서 나온 또 다른 톰'이었다. 게다가, 프록터앤드갬블의 남성용 냄새 제거제 담당을 역임한 경험이 있던 그는 대기업 운영에 대한 기본 소양이 충분했다. 그러나 무엇보다도 그가 이 일의 적임자였던 이유는 회사를 도약시키기 위해 기업가적 성격을 가진 인물과 동반자가 되는 위험을 그가 기꺼이 감수했다는 사실이었다.

톰과 케이트가 회사를 매각하지 않기로 한 후 7개월이 지난 후, 톰 오브라이언이 탑스오브메인 최고운영책임자로 일하기 시작했다. 그리고 지금까지 10년 동안 두 톰은 성공적으로 함께 일해오고 있다.

톰과 케이트, 그리고 회사는 영혼의 어두운 밤에 들어서며 가치에 기반한 자신들의 사업 비전이 끝을 만난 것은 아닐까 생각했다. 그러나 이 시기를 통해 자신들의 가치를 명확히 하는 일과 가치가 승리했음을, 돈 외에도 다른 모든 것이 더 높은 선에 관계되어 있음을 깨닫게 되었다. 그리고 이 과정에서 사업을 소생시킬 새 에너지를 발견했고, 마침내 그들의 여정은 일치의 길에 이르렀다. 오른쪽의 도표는 회사의 여정을 보여준다.

리더 개인의 영적 여정에서와 마찬가지로, 세 단계를 통과하는 여정이 그 사이에 있는 어두운 밤들과 더불어 끊임없이 순환되기 때문에 위의 묘사는 도식적일 따름이다. 따라서 더 적합한 묘사는 (두 번째 도표에서 보듯) 나선형이다.

결론

톰과 케이트는 끝까지 인내하기를 배웠다. 그들은 영혼을 담아 일하는 것이 시간이 갈수록 더 쉬워지지는 않음을 발견했다. 다양한 일이 생기면서 상황은 더 어려워졌다. 회사와 함께 영적인 길을 걸으며 정화의 길, 그리고 그 길의 결실을 체험한 첫 10년 이후, 모든 것이 시들어가고 있는 듯 보였다. 그러나 톰이 성직자가 되겠다는 생각에 회사를 떠나려고 생각한

그림 1. 세 부분으로 이루어진 조직의 길(표)

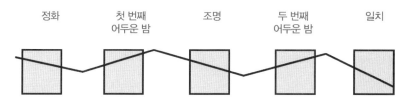

정화	첫 번째 어두운 밤	조명	두 번째 어두운 밤	일치

형성기 동안 영적인 길을 따르기로 선택함

상황이 좋을 때나 나쁠 때나 영적 원칙을 고수함

높은 사기, 높은 생산성

재정적 성공

전환: 성장하면서도 우리의 가치에 충실할 수 있을까?

불만족을 느낀 톰

원칙이 성공을 저해할 것인지 의심함

반대론자들의 목소리가 점점 강해짐

영적 지도를 구함

조직의 영혼을 인지하고, 이해하고, 표명함

가치에 기반한 성공방침 위로 돌아온 사업

전체 조직을 조명의 길로 이끌어가기 시작함

도전을 통해 검증된 가치

격화된 내부 정치

부진한 창의성

지친 리더십

벽에 부닥침: 앞으로 나아갈 길 없음

가치의 명료화가 새로운 에너지와 몰입을 만들어냄

새로워진 비전

자아와 회사 자체가 더 높은 선에 관계하게 됨

그림 2. 세 부분으로 이루어진 조직의 길(나선)

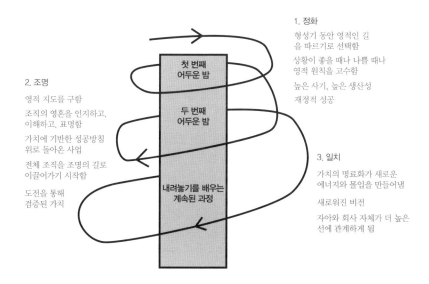

1. 정화

형성기 동안 영적인 길을 따르기로 선택함

상황이 좋을 때나 나쁠 때나 영적 원칙을 고수함

높은 사기, 높은 생산성

재정적 성공

2. 조명

영적 지도를 구함

조직의 영혼을 인지하고, 이해하고, 표명함

가치에 기반한 성공방침 위로 돌아온 사업

전체 조직을 조명의 길로 이끌어가기 시작함

도전을 통해 검증된 가치

3. 일치

가치의 명료화가 새로운 에너지와 몰입을 만들어냄

새로워진 비전

자아와 회사 자체가 더 높은 선에 관계하게 됨

첫 번째 어두운 밤

두 번째 어두운 밤

내려놓기를 배우는 계속된 과정

경험을 통해, 신학교에서 얻은 지혜를 통해 자신들이 원래의 가치를 되찾아야만 함을 발견했다. 이후 톰과 케이트 및 회사는 조명의 길로 접어들었다. 가치 정렬(조명의 길에서의 미덕, 선행, 에너지)에 딸려온 에너지와 생산성을 10년간 체험한 후 그들은 영혼의 어두운 밤에 접어들었다. 앞으로 회사가 가치를 지키며 성장하는 방법이 없는 듯 보였다. 회사를 다음 수준으로 도약시킬 수 있는 인수자를 찾지 못하여 실망했지만, 이 과정에서 톰과 케이트는 가치에 대한 자신들의 헌신이 지닌 깊이를 발견했다. 결국 부적절한 인수자에게 매각하기를 거부함으로써, 또 아주 새롭게 만나게 된 최고운영책임자의 도움으로, 그들은 회사를 더 높은 수준으로 도약시켰다. 인수자 모색 과정, 자기반성, 가치에 대한 헌신이 일어나는 동안 그들 안에서 숨겨진 채 벌어지고 있던 일은 영혼의 어두운 밤 동안 나그네의 내면에서 일어나는 하느님께서 하시는 일과 유사했다. 이후 이들은 일치의 길에 접어들며 선에 완전히 항복하고, 그들 자신과 자신들의 가치를 더 높은 선과 이어나갔다. 더 높은 선을 향한 항복 덕분에, 톰은 전에 없던 수준으로 자아를 내버리고 최고운영책임자 톰 오브라이언과 진정한 동반자가 될 수 있었다. 실제로 이런 자기 비움과 협력은 미국의 전형적인 기업가로서는 거의 전례가 없는 공적이다.[41]

---

41 톰과 케이트 및 회사는 거의 10년 뒤 회사를 더 높은 수준으로 도약시킬 동반자를 찾으며 또 한 번의 순환을 겪었다. 그들이 경험한 우여곡절은 "어두운 밤들"을 통과하게 했고, 결국 2006년 봄 콜게이트Colgate에 회사를 매각하고 그들과 동반자가 되는 놀라운 결과로 이어졌다. 이 글을 쓰는 시점에서, 그들은 콜게이트가 탐스오브메인의 가치를 존중한 방식 및 탐스오브메인의 가치와 실천이 콜게이트에 영향을 미치는 방식에 만족하고 있다.

세 가지 길을 따라 일어난 톰과 케이트 채플 및 탐스오브메인의 영적 변화에 관한 이 고찰은 헬미니악의 '철학적' 관점에서 보면 영적 리더십 연구에 관한 하나의 공헌이다. 철학적 관점을 채택함으로써 영적 발달과 그러한 발달의 규범적 전개를 숙고하는 것이 가능해지며, 영성 문헌들에 의지하고 탐스오브메인의 여정에 담긴 영적 차원을 조명할 수 있었다.

물음들

1. 여정 후반부로의 전환을 알리는 폭풍우의 굉음을 어떻게 경험했나요?

2. 어떤 방식으로 여정 전반부를 넘어 후반부로 나아갔나요?

3. 어떤 방식으로 당신의 조직이 여정 전반부를 넘어 후반부로 나아가는 것을 도왔나요?

4. 어떤 방식으로 당신의 리더십 역할과 조직 전체 모두에서 영혼의 어두운 밤을 체험했나요?

09

영적 안내 찾기

리더는 자주 고립된다. 리더는 외로울 수 있다. 대부분의 리더는 영적 생활 방식에 관한 훈련을 거의 받지 않는다. 8장에서 묘사된 영적 성장의 순환을 겪고 있는 자기 자신과 자기 조직을 발견한 리더들에게는 보통 무슨 일이 일어나고 있는지에 대한 이해가 부족하다. 두려움은 전형적인 반응이다. 게다가, 현대 서구의 리더들은 '여정의 전반부' 문화에서 살고 있다. 그들의 세상에는 누가 존재하고 있으며, 누가 여정의 후반부를 이해하고 있을까? 오라 손짓하는 이 길을 그들이 밟아나가도록 도와줄 방법은 무엇일까?

많은 영적 전통에서 천년도 넘게 지속된 영적 지도는 여정의 후반부에서 리더들을 도울 수 있다.[1] 영적 지도자들은 영적 성장의 순환을 이해한

---

1 하나의 용어로서 영적 지도는 그리스도교 전통에서 생겨났지만, 다른 깊이 있는 영적 전통들에도 상응하는 것들이 존재한다. 예를 들면, Norvene Vest, ed., *Tending the Holy: Spiritual Direction across Traditions* (Harrisburg, Pa.: Morehouse, 2003)을 보라.

다. 그들은 여정의 후반부를 이해하고 있으며, 리더들이 자신을 감싸고 있는 문화를 제한 없이 이해하도록 도울 수 있다. 리더 및 조직과 함께 일하는 데 특화된 영적 지도자들이 특히 도움이 될 수 있는 이유는 그들이 리더들이 맞닥뜨리는 영적 현실과 조직의 현실 모두를 이해하기 때문이다. 이 장에서는 영적 지도가 무엇인지 개괄하고, 영적 지도에 대한 간략한 역사적 개요를 제시하고, 오늘날의 리더들과 그들이 이끄는 모임들에 특별히 집중하는 영적 지도를 고찰함으로써 리더를 위한 영적 지도를 소개할 것이다.

영적 지도란 무엇인가?

영적 지도라는 명칭은 어떤 면에서는 부적절한데, 지시 감독보다는 교제에 더 가깝기 때문이다. 그것은 지도를 청하는 이의 삶 가운데 현존하는 거룩한 무언가에 집중하는 두 사람 사이의 특별한 관계이다. 영적 지도를 위한 만남은 보통 매달 열리는데(물론 더 혹은 덜 자주 만날 수 있다), 대개 침묵 기도 또는 말하는 기도로 시작하여 지도받는 이의 영적 여정 가운데 일어난 일에 관한 공유로 이어진다. 영적 지도를 위한 만남에서는 중간에 침묵하는 시간을 갖기도 하는 등 기도하기에 알맞은 분위기가 유지된다. 영적 지도자는 지도받는 이가 하느님의 현존을 의식하고 거기에 이름을 붙이도록 도와주는 물음을 던지면서, 거룩한 경청, 즉 성령이 그 사람의 삶에서 어디로 움직이고 있는지에 대한 깊이 있는 경청을 실천한다. 영적 지도자는 지도받는 이의 영적 여정에서 시간이 흐름에 따라 쌓여가는 기억을 붙잡고, 삶에 담긴 영적 차원의 현실을 귀중히 여긴다. 일상생활의 북새통 가운데 지도받는 이가 하느님의 현존이 남긴 자취를 잃어버리게 되면, 영적 지도자는 과거에 그 사람의 삶에서 하느님이 일하신 방식을 기억하고 지도받는 이의 삶 가운데서 아주 특별한 방식으로 나타난 성령에 관한 이야기를 상세히 이야기해준다.

영적 지도는 지도받는 이가 다시 중심을 잡도록 돕고 매일의 삶 가운데서 성령의 움직임을 의식하는 방법을 일깨워준다. 혼란스러운 시기나 어두운 밤에 영적 지도는 지도받는 이가 미지의 지형을 거치며 길 찾는 것을 돕는 나침반 역할을 한다. 영적 지도자는 경험이 풍부한 안내자 역할을 하는데, 도중에 만나게 될 위험을 알려주어 지도받는 이가 안전한 길을 찾도록 돕는다.[2]

흔히 개별 영적 지도가 대체로 많지만, 영적 지도는 집단으로 이루어질 수도 있다. 퍼실리테이터가 이끄는 집단 영적 지도는 여섯 명에서 여덟 명 정도로 구성된 모임으로 진행된다. 퍼실리테이터가 도입부의 오리엔테이션을 마치면 참가자들은 교대로 지도받는 이가 되며, 모임 구성원들은 서로 도와 각자의 삶 안에 있는 성령의 움직임을 의식하고 거기에 이름을 붙인다. 개별 영적 지도에서와 마찬가지로 거룩한 경청의 분위기가 모임에 스며든다. 퍼실리테이터는 모임 구성원들이 깊이 있는 경청 기

2　영적 지도에 관한 더 자세한 내용은 William A. Barry and William J. Connolly, *The Practice of Spiritual Direction* (San Francisco & Row, 1982); Tilden Edwards, *Spiritual Director, Spiritual Companion: Guide to Tending the Soul* (New York: Paulist Press, 2001); Margaret Guenther, *Holy Listening: The Art of Spiritual Direction* (Cambridge, Mass.: Cowley Publications, 1992); Gerald May, *Care of Mind, Care of Spirit* (San Francisco: Harper San Francisco, 1992); Susan Phillips, *Candlelight: Illuminating the Art of Spiritual Direction* (Harrisburg, Pa.: Morehouse, 2008); Janet Ruffing, *Spiritual Direction: Beyond the Beginnings* (Mahwah, N.J.: Paulist Press, 2000); 그리고 Norvene Vest, ed., *Still Listening: New Horizons in Spiritual Direction* (Harrisburg, Pa.: Morehouse, 2000)을 보라.

술을 연마하도록 도우며 지속적인 지원을 제공한다. 특히 집단 영적 지도는 개별 영적 지도에 겁먹고 집단 체험을 더 마음에 들어 하는 이들, 수직적인 위계질서를 꺼리는 신앙 전통에 속한 이들, 같은 직종에 종사하거나 서로 가족관계이거나 공통의 신앙체험이 있어 비슷한 여정을 걷고 있는 다른 이들과 연결되는 데서 유익을 얻을 수 있는 이들에게 효과적일 수 있다.[3]

역사적 배경

유대-그리스도교 전통에서 영적 지도는 성서에 뿌리를 둔다. 자신들의 저술은 물론이고 사람들과의 상호작용을 통해서도 히브리 성서의 예언자들과 신약성서의 사도들 모두는 영적인 안내를 제공해주었다. 영적 지도는 어떤 사람이 다른 한 사람의 성스러운 것과의 만남을 도와주는 일로, 성서 안에서 볼 수 있는 영적 지도의 사례는 수없이 많다고 해도 과언이 아니다.

콘스탄티누스Constantine 황제가 그리스도교를 국교로 만들면서, 사막에서 기도에 전념하는 순수한 삶을 추구하기 위해 로마제국의 도시들을 벗어난 이집트의 사막 교부들은 영적 지도를 순수예술의 경지로 발전시켰다. 그들은 자기보다 더 경험이 더 풍부한 이에게 영적 지도를 청했을 뿐만 아니라, 자신들에게 안내를 받기 위해 도시에서 사막을 찾아온 이들에

---

3 집단 영적 지도에 관한 더 자세한 내용은 Rose Mary Dougherty, *Group Spiritual Direction: Community for Discernment* (New York: Paulist Press, 1995), 그리고 Rose Mary Dougherty, Monica Maxon, and Lynne Smith, eds., *The Lived Experience of Group Spiritual Direction* (New York: Paulist Press, 2003)을 보라.

게 영적 지도를 제공해주기도 했다.

중세 초 유럽의 신생 수도원들이 실천했던 것과 같은 영적 지도는 사막 교부들의 지혜를 서방에 가져온 요한 카시아누스John Cassian(435년 사망)의 저술들에서 큰 영향을 받았다. 중세 중후반 유럽에서는 많은 영적 지도가 수도원들 내에서 제도화되어 공식적인 위계질서에서 승인을 받은 지도자들에 의해 수도사와 수녀에게만 제공되었지만, 노리치의 줄리안 Julian of Norwich, 마이스터 에크하르트Meister Eckhart, 시에나의 카타리나 같은 몇몇 영적 지도자들은 이러한 틀을 깨고 나왔다. 그들은 누구나 깊은 기도와 하느님의 현존을 체험할 수 있다고 설교했고 영적 지도를 받기 위해 수많은 사람이 자신들에게 떼 지어오는 것을 보았다. 그들의 가르침 때문에, 그리고 그들 중 많은 이가 교회의 공식적인 위계질서 바깥에서 활동했기 때문에 그들과 같은 영적 지도자들은 자신이 교회와의 갈등 속에 놓여있음을 자주 발견했다.

개신교 종교개혁 이후, 형식을 갖춘 정식 영적 지도는 천주교와 정교회 세계에서 계속 융성했는데, 개신교인들과 유대인들은 자신들의 영적 안내를 기도와 성경 공부 모임을 통해 받으려는 경향을 보였다. 20세기에는 그리스도인들과 유대인들 사이에서, 특히 평신도들 사이에서 영적 지도에 관한 관심이 되살아났고, 영적 지도자들에게 영적 지도와 훈련 프로그램을 제공하는 피정 센터들이 많이 늘어났으며, 이러한 추세가 현재까지 이어지고 있다.

리더십에 특별히 집중하는 영적 지도

영적 지도는 보통 개인의 영적 여정을 두고 광범위하게 초점을 맞추지만, 특정한 초점에 관심을 쏟을 수도 있다. 그렇게 특정한 초점을 가진 유형의 영적 지도 중 하나가 리더들을 위한 영적 지도이며, 특별히 그들의 역할에 초점을 둔다.[4] 이러한 유형의 영적 지도는 몇 가지 유형 중 하나를 취할 수 있으며, 전통적인 영적 지도와 달리 그 모습이 언제나 똑같아 보이지는 않을 것이다. 다음 부분에서는 이 책에서 소개된 리더들의 삶에서 추린 각각의 사례를 제공하면서, 리더를 위한 영적 지도의 세 가지 유형을 검토해볼 것이다.

(1) 단기간 혹은 장기간에 걸쳐 일대일 방식의 영적 지도를 받기 위해 영적 지도자와 만나는 리더 개인

(2) 단기간 혹은 장기간에 걸쳐 개별 영적 지도자와 만나는 리더십 모임

(3) 단기간 혹은 장기간에 걸쳐 영적 안내를 얻기 위해 다른 모임과 만나는 리더십 모임

먼저 단기간 혹은 장기간에 걸쳐 일대일 방식의 영적 지도를 받기 위

---

4 예를 들면, Liz Bud Ellmann, "Tending to Spirituality in the Workplace" in *The Lived Experience of Group Spiritual Direction*; Jack Mostyn, "Transforming Institutions" in *Tending the Holy: Spiritual Direction Across Traditions*; Margaret Benefiel, "Soul at Work: Spiritual Direction for Organizations," *Presence* 11, no. 3 (September 2005): 51-59; 그리고 André Delbecq, Elizabeth Liebert, Jack Mostyn, Gordan Walter, and Paul Nutt, "Discernment and Strategic Decision Making: Reflections for a Spirituality of Organizational Leadership," in *Spiritual Intelligence at Work*, ed. Moses Pava (Amsterdam and London: Elsevier, 2004), 139-74를 보라.

해 영적 지도자와 만나는 리더 개인의 유형을 살펴보자. 리더 개인은 자신의 리더십 역할에 초점을 맞춘 단기 혹은 장기의 영적 지도를 구할 수 있다. 예를 들면, 탐스오브메인의 톰 채플은 직업적 위기가 찾아온 시기에 말콤 에켈 신부에게 영적 안내를 청했다. 톰은 에켈이 자신을 사제직으로 인도해주길 희망했을지 모르지만, 에켈과 그의 아내 코니가 톰에게 내어준 영적 안내는 그의 사업적 리더십 역할에 초점을 두었고, 하느님의 뜻이 그를 통해 사업 현장에서 일하시는 것일 수도 있음을 시사했다. 에켈과 코니는 톰이 사업에서 자신의 리더십 역할을 하나의 사역으로 보도록 도왔다. 리더십 역할에 중점을 둔 영적 안내의 단기적인 사례로서 에켈 신부와 함께한 톰의 경험은 위기의 시기에 그가 분명한 태도를 보이기 시작하는 데 도움이 되었다.

거스 톨슨은 교회에서 맺은 영적 안내자와의 장기적 관계가 자신이 리더로서 영적으로 굳건해지는 데 도움이 된다고 믿었다. 기도와 성서 읽기에 쏟는 개인적인 시간만 그가 충만한 영혼을 갖추고 이끌어가는 데 이바지하는 것이 아니며, 그가 존경하며 영적으로 굳건한 또 다른 사람과의 관계가 리더십 과제를 분명히 밝히는 데 도움이 되었다. 경험이 풍부한 영적 안내자와 함께 규칙적으로 기도하고 인생을 식별하는 거스는 자기 영혼에 충실했다.

데스몬드 투투는 오랜 시간 영적 지도자와의 장기적 관계를 맺었다. 사목 훈련을 받기 시작했을 때부터 언제나 그는 자신의 영적인 삶을 사목의 중심으로 보았다.

우리 중 많은 이가 사제직을 위한 훈련을 종교적인 공동체에서 받은 것을 축복이라고 생각할 때, 저는 정말 큰 축복을 받았습니다. … 저는 사람들이 세속적인 교사들을 모셔오다 서품식으로 나아가는 것을 늘 슬퍼해 왔습니다. … 공동체는 진정한 그리스도인의 실존이라면 누구에게서나 영적인 것이 완전히 중심적임을 우리에게 가르쳐주었습니다. 책 속의 계율보다는 생활의 모범으로 말입니다.

예를 들면, 신학생이 받아야 할 훈련으로서 투투에게 배정된 허드렛일은 대학 부속 경당을 청소하는 일이었고, 종종 그는 쉬는 시간 동안 그곳에 와서 기도하는 공동체 구성원들을 우연히 보곤 했다. 그들의 신심은 그에게 깊은 인상을 남겼다.

투투의 첫 번째 영적 지도자는 그가 다닌 신학대학의 부학장이었는데, 투투는 그를 부활 공동체the Community of the Resurrection의 훌륭한 구성원으로, 고통스러울 정도로 조심하는 성격이었고 이례적으로 겸손했다고 말했다. 그는 학생들이 배정받은 허드렛일을 하면 동참하곤 했는데, 투투는 백인 부학장이 대학 부속 성당의 바닥을 닦으며 학생들과 함께 일한다는 것은 투투와 동료들에게 이상한 일이었다고 말했다. 그의 겸손함과 신심은 투투의 깊은 곳까지 파고들었고, 투투를 빚어냈다.

투투 대주교는 신학 공부를 마친 후로도 오랜 세월 동안 항상 영적 지도자와 함께했다. 신학대학을 졸업한 후, 그는 보혈수도회Society of the Precious Blood 소속 회원이었던 메리 줄리안Mary Julian 수녀에게 영적 안내를 청했다. 그녀가 별세한 후, 케이프타운 교구의 새로운 영성 부서장이 투투에게 영적 지도를 해주었고, 그가 별세한 후, 케이프타운 교구의 대성당 주임사제가 투투의 영적 지도자가 되었다. 케이프타운 교구의 대성당 주임사제가 별세하자 투투는 또 다른 수녀가 자신의 영적 지도자가 되어주길 바랐다(앞서 자신의 영적 지도자셨던 세 분이 별세하셨으니 수녀님이 이 일을 원하는지 신중하게 숙고해보셔야 한다고 강력히 충고하면서 말이다!). 투투는 자신의 리더십으로 책임져야 하는 폭풍우와 대혼란을 거칠 때 영적 지도가 하느님 안에 굳건히 뿌리내리는 것을 유지해준다고 생각한다.

진 퀸은 소피아 하우징의 공동 CEO로서 자신이 맡은 역할 가운데 영적 여정 및 리더십과 조직 생활 모두를 이해하는 안내자와의 장기적인 관계를 맺고 있다. 6장에서 언급했듯 그녀는 자신을 위한 안내자를 택하는 과정에서 조직 외부의 인물, 심리학적 훈련과 조직에서의 배경을 모두 갖춘 채 영적으로 깊이 있는 삶을 살아가는 인물을 찾았다. 진이 받는 영적 지도는 그녀가 맡은 리더로서의 역할에 집중하고, 지도 감독과 영적 지도를 결합한 통합적인 접근방식을 통해 영혼을 굳게 세웠으며, 최상의 조직리더십 책임감을 유지하는 데 필요한 것을 제공했다.

단기간, 혹은 장기간에 걸쳐 개별 영적 지도자와 만나는 리더십 모임 유형도 있다. 하나의 조직을 대표하는 리더십 모임은 일정 기간동안 영적 지도자 한 사람과 함께하며 조직 리더십에 중점을 둔 영적 안내를 청할 수 있다. 랍비 사무엘 카프는 성 루가 병원 리더 모임에서 그들이 자신들의 환경에 맞는 성소 프로그램을 설계하도록 도와주었고, 마찬가지로 그는 이러한 역할을 하며 산호세 진료소와 덴버 하버 진료소의 지도부들을 섬겼다.

　마지막 유형은 일정 기간에 걸쳐 영적 안내를 얻기 위해 다른 모임과 만나는 리더십 모임이다. 하나의 조직을 대표하는 리더십 모임은 조직리더십에 중점을 둔 영적 안내를 다른 모임과 함께 추구할 수도 있다. 조직들 사이의 네트워크로 2장에서 언급된 시잉띵스홀은 무엇보다도 구성원 조직들을 위한 집단 영적 지도를 제공한다. 시잉띵스홀 원탁회의에 참여함으로써, 톰 헨리와 랜드리 자전거의 팀은 영적 지도를 받는다. 시잉띵스홀의 사명 선언문은 자신들이 다루려 시도하는 난제의 개요를 담고 있다.

　　종교 공동체가 의식적으로 조직을 다루는 경우, 그들은 거의 예외 없이 문화적 모순에 빠지곤 했습니다. 즉 일말의 의심 없이 신뢰와 지원을 보내는 눈길로 조직을 바라보거나, 아니면 더 빈번하게는, 냉소와 의혹의 시각으로 조직을 대해왔습니다. 사목적인 것과 예언자적인 것 모두를 통합시키는 균형 잡힌 관점의 부재는 결과적으로 오늘날 세상에서 조직이 수행하는 역할과 목적, 신앙적인 성과를 두고 사려 깊게 조직에 관여하려는 종교적 회중과 그들을 이끄는 이들의 역량을 크게 약하게 만듭니다.[5]

2장에서 언급했듯 시잉띵스홀은 그리스도교 뿌리에서 싹을 틔웠지만 모

5　Seeing Things Whole, "Mission Statement, 2001," www.seeingthingswhole.org/images/MissionWithCopyright.pdf

든 종교 전통에서 유래한 지혜 또한 받아들이고자 애쓴다. 그곳의 비전에는 다음의 내용이 포함되어 있다.

> 우리는 다른 세상을 꿈꾸는 비전에 이끌립니다. 조직이 더는 수익성이라는 단일한 핵심 요소에만 근거하지 않고, 여러가지 '핵심 요소들'에 기반하여 자신을 측정하며 다른 이들에게 평가받는 세상 말입니다. 그 핵심 요소들은 조직 내에서 일하는 이들이 누리는 삶의 질에 대한 염려 및 조직이 주변 세상과 관계하고 영향을 미치는 방식에 관한 관심을 나타냅니다. … 통찰과 배움이 조직 생활과 리더십에 관한 우리의 이해뿐만 아니라 신앙 및 오늘날 세상과 신앙의 관련성에 대한 우리의 이해까지도 강력하게 만들어내리라 믿습니다.[6]

시잉띵스홀은 보스턴 지역과 미니애폴리스-세인트폴에서 열리는 정기 원탁회의를 후원하며, 다른 지역에서 열리는 임시 원탁회의도 마찬가지로 후원한다. 2장에서 언급했듯 원탁회의는 네다섯 조직의 대표들로 구성되며, 각 원탁회의는 연간 몇 차례 만난다. 한 번에 3시간 30분 동안 진행되는 원탁회의에서 하나의 회원 조직은 현재의 당면 과제를 내어놓고, 모임은 그 과제를 분명히 밝히는 데 도움을 주기 위해 훈련된 퍼실리테이터의 안내를 받아 시잉띵스홀 모델과 과정을 사용한다. 1년에 한 번, 톰 헨리와 랜드리 자전거의 지도부는 중심 의자에 앉아 자신들의 회사를 대표하는 리더십 모임으로서 영적 지도를 받는다. 톰과 지도부는 분기별 회의에

---

6 같은 곳.

참석하고 다른 회원 조직에 지원을 제공하는 등 연중 내내 원탁회의 모임과 연락을 유지한다. 랜드리 자전거의 팀은 또한 분기별 회의가 끝날 때마다 최근의 소식을 간략히 알려주어 원탁회의 회원들이 자신들의 필요를 계속 알고 있도록 하고 기도와 지원을 요청한다. 시잉띵스홀의 퍼실리테이터도 연중 내내 톰 및 지도부와 연락을 유지하고, 다음 회의가 열리기 전까지의 시기마다 지원과 영적 안내를 제공해준다.

결론

리더, 특히 끝까지 인내하기를 원하는 리더는 영적 지원이 필요하다. 자기 영혼과 계속 이어져 있도록 도와주는 체계적인 지원을 제때 받지 못해 수없이 많은 리더가 고꾸라졌다. 어떤 유형인지 간에, 영적 지도는 영혼을 충만하게 담아 이끌고자 애쓰는 리더에게 값을 매길 수 없는 도움을 제공해준다. 영적 안내를 받아야 할 필요를 느끼지 않게 되는 사람은 없다. 실제로, 데스몬드 투투가 거의 50년 동안 자신의 교회와 국가와 세계에 리더십을 제공한 후에도 영적 지도에 의존하는 것이 증명하는 바처럼, 리더가 영적인 길 위에서 더 멀리 나아갈수록 위험성은 커지고, 더 많은 지원이 필요해진다. 영적 지도가 이루어지는 유형은 특정한 리더와 그 리더가 이끄는 모임의 필요에 따라 각기 다를 테지만, 근본적인 원리는 그대로이다. 강한 나무 밑에는 언제나 깊은 뿌리가 있다.

물음

1. 공식적으로 혹은 비공식적으로, 당신의 리더십 역할을 위한 영적 지도를 어떤 방식으로 경험했나요?

2. 당신이 현재 맡은 리더십 역할을 잘 생각해보세요. 리더로서의 당신에게 도움이 될 영적 지도 유형은 무엇이며, 지금 그 영적 지도를 받으려면 어떻게 해야 할까요?

리더의 영혼

리더의 영혼은 사방에서 온갖 위협을 마주한다. 현대 서구문화의 외적 현실에 대한 집중은 내적 현실을 점점 더 많이 외면해왔다. 영혼을 담아 조직을 이끌고자 하는 이들은 리더십은 커녕 영혼이 필요하다는 사실을 아는 이를 만나기 어려운 암흑시대를 살아가고 있다.

오늘날의 리더에게 이 문화적 문제는 심각하다. 조직의 리더는 업무 과정의 효율성, 근로자의 생산량, 자신의 경영상 성공 등을 수량화하라는 압박을 은근히, 혹은 명시적으로 받는다. 이와 같은 수량화 요구는 조직의 개선을 위해 사용되는 수단이었던 것을 목적 그 자체로 바꾸는 일이다. 수량화로 인해 쉽게 측정되지 않는 것들, 즉 근로자와 리더의 내적인 삶, 조직의 비전이나 사명은 사라진다.

외적인 성과에 초점을 두는 것은 개인이나 조직이 분명 피하고 싶었을 현실을 마주하도록 하거나 운영 환경의 변화에 리더와 조직이 빠르게 반응할 수 있도록 강제하는 데 대단히 유용할 수 있다. 그러나 동시에, 오직 외적인 성과에만 매달리게 되면 생산성과 열정의 원천이 사라진다. 공동체의 지혜 및 화합과 더불어 개인의 내적인 삶과 비전의 실현이 모두 불가능해지는 것이다.

뿌리에 필요한 영양분이 공급되지 못한다면, 결국 가지는 시들어버린다. 내적인 힘이 약화하기 시작한 지가 오래된 나무도 겉으로는 괜찮아 보일 수 있다. 전문가가 아니라면 특히 그렇게 보인다. 전문가가 아닌 사람이 그 뿌리가 오래전에 말라 죽었다는 사실이 분명해지는 순간은 오직 강풍이 힘 있던 나무를 때려눕힐 때뿐이다.

이 책은 리더 개인의 영혼에 관해 이야기해왔지만, 때로는 개인에게 몰두하는 것이 문제일 수 있다. 특히 서구문화에서는 론 레인저식 사고방식의 리더십, 즉 영적 전통들의 지혜에 정면으로 배치되는 사고방식을 신봉하는 경향이 있다. 그러나 영적 교사들은 영혼들이 살아가기 위해 각자가 서로에게 필요하다는 사실을 알고 있으며, 충만한 영혼을 가지고 조직을 이끌기를 열망하는 리더들이 자신의 모든 문제를 스스로 해결해야 한다는, 다른 이들의 지원에 의지해서는 안 된다는 문화적 기대에 부딪힐 때 내적 갈등을 겪게 된다는 것을 안다. 충만한 영혼을 가진 리더들은 영혼을 공유할 수 있는 이들에게 자신의 문제를 공유하는 것이 절실히 필요함을 알고 있으며, 동시에 이러한 필요가 자신을 나약하게 평가하도록 만들 수 있다는 것도 알고 있다.

리더의 영혼은 사방에서 온갖 위협을 마주한다. 그러나 희망은 있다. 자신의 영혼을 다해 조직을 이끌어가기를 갈망하는 리더들은 계속 늘어나고 있다. 그러한 리더들의 네트워크가 이미 존재하고, 그들 중 일부는 영혼에 기반한 리더십을 향한 새로운 길을 이미 시작했다. 이러한 리더들의 교제 가운데, 충만한 영혼을 가지고 이끌어가기를 열망하는 이는 홀로 있지 않다. 그러한 리더는 이상한 사람이 아니다. 충만한 영혼을 담아 이 끌어가는 일은 당연하다.

　충만한 영혼을 통해 이끌어가는 일은 가능하다. 이 책은 그 일을 해내는 리더들을 소개하며, 영혼이 충만해지는 길을 선택하는 방법, 방향을 유지하는 방법, 끝까지 인내하는 방법을 개괄했다. 이러한 세 가지 단계 각각에서, 충만한 영혼을 가지고 조직을 이끌어가는 일이 지닌 내적이고 외적인 측면들을 모두 고찰했다. 충만한 영혼을 통해 조직을 이끌어가는 과정에서 내적인 것과 외적인 것은 각자 서로를 보완한다. 같이 춤을 추는 파트너처럼, 내적인 것과 외적인 것은 손에 손을 맞잡고 함께 움직인다. 예를 들면, 클라레나 톨슨은 갈등이 심한 예산안 공청회에 들어가면서 외적인 리더십 역할을 시작하기에 앞서 내적으로 기도하며 자신이 가진 연민을 통해 모든 이를 섬기며 나아갈 길을 찾는 데 이바지할 수 있음을 깨달았다. 그녀가 일을 마친 후 하는 기도에는 사람들의 필요에 대한 간구로 채워져 있었다. 클라레나의 기도는 이어지는 도전에 직면하는 능력의 밑바탕이 되어주었으며, 그녀는 하나의 선순환인 그 과정을 통해 성장했다. 톰 헨리는 지도부와 함께 자신들의 업무에 대해 겉으로 인식하는 모든 것을 열거함으로써 외적으로 감사하는 일을 실천했다. 그 과정에서 그는 자신의 마음이 넓어졌음을 깨달았으며, 이로 인해 조직 구성원들의 분위기가 변했다는 것을 발견했다. 이러한 내적 변화는 개인과 조직 모두가 감사를 실천하는 일을 더 쉽게 할 수 있도록 도왔으며, 결과적으로 개인과 집단 모두에서 내면을 향해가는 변화를 심화시켰다. 그 과정은 자연스럽게 일어났다.

5장에서 소개한 톰 헨리와 랜드리 자전거 직원들의 감사 실천을 예시로 든 다음의 표는 이러한 선순환에서 발생하는 요소들을 보여준다.

감사의 선순환 (5장):
톰 헨리와 랜드리 자전거

	외적	내적
개인	톰이 정기적으로 직원들에게 감사하는 습관을 만들다	톰이 자신의 넓어진 마음을 깨닫다. 그가 감사하는 마음을 키우다.
집단	직원들이 감사를 반복하다	집단 내 분위기가 바뀌다. 감사하는 문화가 만들어지다.

각 장에서 강조된 실천에 대해서도 위와 같은 표를 작성하여 리더 개인 및 조직과 관련해 각 실천이 지닌 내적인 측면과 외적인 측면을 기록하고, 선순환에서 각 측면이 수행하는 부분에 주목해볼 수 있다.

우리는 충만한 영혼을 통해 이끌어가는 일이 지닌 내적, 외적인 측면들을 살피며 끝까지 인내하는 리더에게 일어나는 변화의 과정, 그 리더의 조직 내에서 상응하여 일어나는 변화의 과정, 그 과정에서 영적 지도가 수행하는 역할을 보여주었다. 충만한 영혼을 가지고 이끌기를 열망하는 리더는 낙심할 필요가 없다. 앞서간 다른 이들이 있기 때문이다. 앞서간 이들은 길을 보여주기 위해 로드맵을 제공해주었다. 나아가, 충만한 영혼을 가지고 이끌기를 바라는 리더에게는 희망이 있다. 함께 가는 이들의 도움을 받을 수 있기 때문이다. 충만한 영혼을 가지고 이끌어가면서 만나게 되는 위험한 상황, 크깎아지른 듯한 절벽을 아는 영적 안내자들은 언제라도 도움을 줄 준비가 되어있다. 그들의 안내에는 값을 매길 수 없다. 충만한 영혼을 가지고 이끌어가는 여정에서 도움을 받지 않고 끝까지 인내하기를 성공한 리더는 없었다.

충만한 영혼을 담아 조직을 이끌어가는 여정은 모든 이를 초대한다. 당신의 영향력이 미치는 범위가 넓든지 좁든지, 또는 영향력의 범위에 상관없이, 당신도 충만한 영혼을 가지고 조직을 이끄는 리더가 될 수 있다. 가정에서, 일터에서, 신앙 공동체에서, 당신 근처에서 사람들은 영혼이 충만한 리더를 간절히 기다리고 있다. 첫걸음을 내디뎌라. 결코 실망하지 않을 것이다. 더불어 영혼이 충만한 리더가 되는 일이 중요한 이유는, 당신이 이 세상이 절실히 필요로 하는 것에 반드시 기여하게 될 것이라는 사실이다.

물음들

1. 직장에서 감사가 일으키는 선순환을 당신 자신과 당신이 이끄는 집단 안에서는 어떤 식으로 목격했나요? 5장의 톰 헨리와 랜드리 자전거를 예시로 들었던 위의 표와 비슷하게 다음 쪽의 첫 번째 표를 채워보세요.

2. 직장에서 다른 실천들이 일으키는 선순환을 당신 자신과 당신이 이끄는 집단 안에서는 어떤 식으로 목격했나요? 5장 이외의 다른 장에서 강조된 실천을 반영하여 다음 쪽의 두 번째 표를 채워보세요. (예를 들면, 3장의 꿈꾸기나 7장의 폭력의 순환 끊기를 택할 수 있습니다.)

감사의 선순환 (5장):
당신과 당신의 집단

	외적	내적
개인		
집단		

감사의 선순환 (_장):
당신과 당신의 집단

	외적	내적
개인		
집단		

영혼이 숨 쉬는 **리더 수업**

초판 발행 ｜ 2022년 1월 14일

지은이 ｜ 마가렛 베네피엘
옮긴이 ｜ 김준철

발행처 ｜ 타임북스
발행인 ｜ 이길호
편집인 ｜ 김경문
편　집 ｜ 황윤하 · 정다운
제　작 ｜ 김진식 · 김진현 · 이난영
재　무 ｜ 강상원 · 이남구 · 김규리
마케팅 ｜ 유병준 · 김미성
디자인 ｜ 손승우

출판등록 ｜ 2020년 7월 14일 제2020-000187호
주　소 ｜ 서울시 강남구 봉은사로 442 75th Avenue 빌딩 7층
주문전화 ｜ 010-3210-7834
팩　스 ｜ 02-590-0251
이메일 ｜ timebooks@t-ime.com

ISBN ｜ 979-11-91239-48-5 (93900)
한국어판 저작권 ⓒ 2021 ㈜타임교육C&P